AF592293

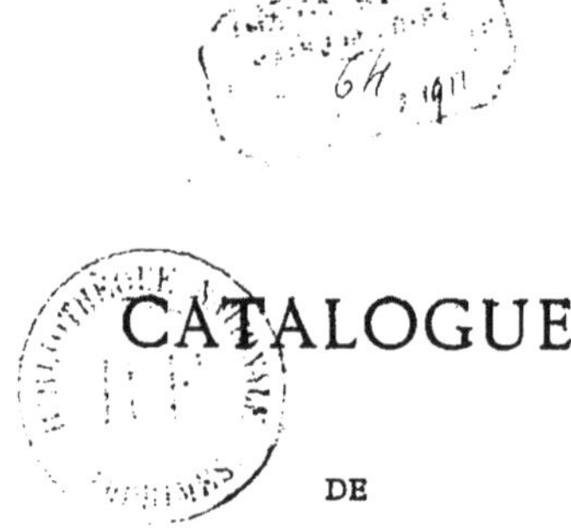

CATALOGUE

DE

Cent Peintures Originales

DE L'UKIYO-É

CATALOGUE

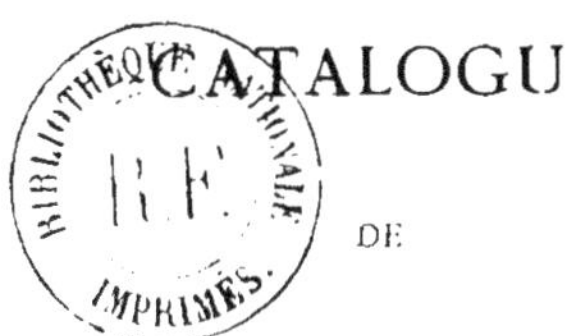

DE

CENT PEINTURES ORIGINALES

DE

L'ÉCOLE UKIYO-É

COMPOSANT LA COLLECTION FUKUBA

EXPOSÉES AU MUSÉE DES ARTS DÉCORATIFS

Musée du Louvre, Pavillon de Marsan,

du 24 Février au 19 Mars 1911.

TRADUIT DE L'ANGLAIS PAR TYGE MÖLLER

PARIS

ANGERS
IMPRIMERIE ORIENTALE DE A. BURDIN & Cie
4, RUE GARNIER, 4.

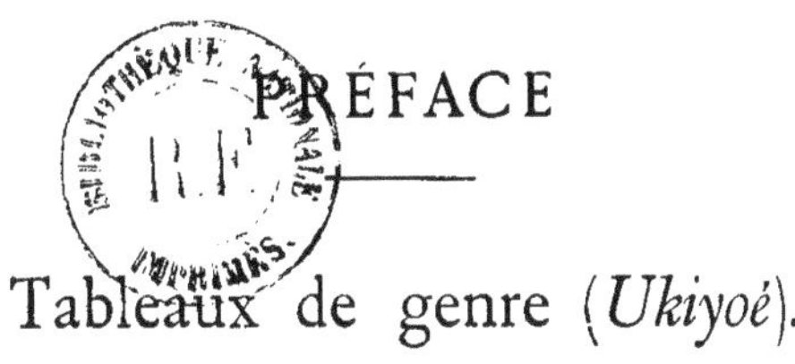

PRÉFACE

Tableaux de genre (*Ukiyoé*).

La collection de cent peintures originales de l'école populaire du Japon, que nous présentons ici, vient d'être exposée d'abord à Londres en 1910 au Palais des Beaux-Arts de l'Exposition anglo japonaise, puis à Stockholm à l'Académie Royale des Beaux-Arts (15 janvier-15 février 1911).

Nous avons formé une collection de peintures originales plutôt que de gravures sur bois, pour les raisons suivantes. Ces dernières, imprimées à des milliers et milliers d'exemplaires existent encore aujourd'hui en très grand nombre, tandis que les peintures originales sont extrêmement rares. Les peintres de genre d'autrefois semblent avoir été trop occupés à dessiner des illustrations de romans et des estampes pour pouvoir consacrer beaucoup de temps à la peinture proprement dite. Au point de vue artistique la peinture de genre de l'école populaire était considerée comme très inférieure à la peinture des écoles classiques de Tosa et de Kano et le public ne s'y intéressant que médiocrement, les artistes de l'Ukiyoé ne trouvaient pas d'amateurs. Ce fait explique la rareté de ce genre de peinture aujourd'hui. Dans la gravure, d'autre part, l'artiste attache surtout de l'importance à l'harmonie des couleurs, tandis que dans un tableau il se préoccupe davantage de l'éclat réel du coloris et recherche une touche plus libre et plus vivante. Notons de plus que le format plus exigu des estampes ne lui permet pas la même largeur qu'il manifeste dans ses tableaux. Enfin le peintre qui dessine pour les graveurs dépend de ces derniers quant à la réussite absolue de leur collaboration. Quand il peint, il ne dépend plus que de lui-même et peut donner le maximum de sa puissance. Chaque année un grand nombre d'estampes sont vendues à l'étranger tandis que les peintures, exposées aux risques de l'âge et de l'incendie, deviennent de plus en plus rares. Un très petit nombre de celles-ci parviennent en Europe, et encore ce ne sont très souvent que des copies, ce qui fait que beaucoup d'Occidentaux ne savent pas apprécier la véritable peinture de genre japonaise.

Pourtant tout le monde doit avouer qu'une peinture originale de l'École Ukiyoé est très supérieure à une estampe et celles de cette collection indiquées comme rares sont au nombre des spécimens les plus hautement réputés de l'art japonais existant. Aucune autre collection paticulière ne pourrait montrer des produits aussi significatifs du génie spécial de cette école.

La présente collection, résultat d'une sélection préparée par des experts pendant plusieurs années, est de nature à illustrer à la fois historiquement et artistiquement le développement de la peinture de genre. Elle comprend tous les fondateurs reconnus de cette école de peinture, depuis Ywasa Shoi, Hishikawa Moronobu, Nishikawa Sukenobu jusqu'à Hokusai et Kunisada. il n'y a que peu d'artistes fameux dont les œuvres en soient absentes.

Dans le choix de ces tableaux on s'est particulièrement préoccupé de la facture et des procédés de chaque artiste et on a choisi expressément des spécimens de l'art de Miyagawa Choshun, de Utagawa Toyokuni et de Utagawa Toyohiro pour illustrer les différents styles à différentes époques.

Bien que cette collection ne réunisse que cent œuvres, elle permet, grâce au soin apporté à leur présentation, de saisir d'un coup d'œil l'histoire et le développement de la peinture de genre au Japon. Son caractère unique et éminemment représentatif ne peut que lui attirer l'attention de tous les amateurs européens d'art oriental.

YOJIRO KUWABARA.

CATALOGUE

IWASA MATABEI (1578-1650).

Iwasa Matabei, autrement dit Katsumochi, (pseudonymes : Dôon et Un-ô), d'origine noble, né en 1578, fils de Araki Murashighé, un guerrier illustre de l'Epoque Tensho est le fondateur de l'Ecole. Son père ayant été tué par Oda Nobunaga, quand l'enfant n'avait que deux ans, il fut mis sous la protection du temple Houganji à Kyoto. En grandissant il prit le nom de famille de sa mère : Iwasa et entra au service de Oda Nobuo, à la ruine duquel il mena une vie errante. De Fukui dans la province d'Echizen il fut appelé à Yedo par le troisième Shogun Iyémitsu. Il étudia d'abord le style Kano, puis le style Tosa et finit par se créer un style à lui, dans lequel entrèrent des réminiscences des deux écoles, bien qu'il portât surtout la marque de son propre génie. Le nom de l'Ecole est tiré du genre de sujets que ses membres traitaient généralement, — la meilleure traduction littérale du mot Ukiyoé étant « tableaux du monde qui passe », et son meilleur équivalent en français : « tableaux de genre ». Matabei et ses successeurs ont peint la vie quotidienne des Japonais de toutes les classes à leur époque, sans pourtant être les premiers à le faire. Beaucoup de peintre de l'école classique de Tosa les avaient devancés dans cette voie, exceptionnellement il est vrai, leurs sujets habituels étant empruntés à l'histoire, à la vie de cour, à la guerre, à la chasse, etc. L'Ecole de Kano avait eu également ses peintres de la vie courante, bien que ceux-ci fussent encore plus rares que dans l'école de Tosa, l'école de Kano étant d'origine chinoise : néanmoins Kano Sanraku peignit tant de sujets de genre que l'on en a attribué un grand nombre à Matabei.

1. Iwasa Matabei.

Gens franchissant une porte.

Peinture sur papier délicatement traitée. Non signée, mais doit être attribuée sans aucun doute à la première période d'I. Matabei (1615.

HANADA TAKUMI (vers 1665).

Contemporain d'Iwasa. A cette époque tous les chefs-d'œuvre de l'Ecole étaient attribués à Iwasa. Les peintures de Hanada étaient d'une qualité telle qu'on les prit souvent pour des œuvres de son grand contemporain. Saikaku, romancier fameux de l'Epoque Genroku l'appelle « une main de maître de l'Ecole. »

2. Hanada Takumi.

Le pas de danse.

Très rare et intéressante peinture sur papier, montrant le style de coiffure de cette période.

Cachet illisible. Peut être attribué à H. Takumi. (Vers 1665.)

3. École de Tosa.

Jeune homme réfléchissant devant son écritoire.

Peinture sur soie. Non signée. (Vers 1650.)

4. École de Tosa.

Jeune femme vêtue en rouge.

Peinture sur papier. Non signée. (Vers 1670.)

HISHIKAWA MORONOBU (1638-1714).

H. Monorobu, autrement dit Kichibei, fils de Hishikawa Kochiku, le plus habile brodeur en or de son temps; né en 1638 à Hota, province de Awa. Comme vieillard il fut connu sous le nom de Yûchiku. Il pratiqua d'abord le métier de son père et fit des dessins pour tissus de soie et costumes, mais plus tard il vint à Yedo et y étudia le style de Tosa. Vers l'âge de cinquante ans il se mit à étudier soigneusement l'école de Kano et fut très influencé par elle, mais il suivit surtout les traces de Matabei. Il fut le premier peintre important qui dessina en vue de la gravure sur bois et ses œuvres vigoureuses sont maintenant très rares. Ses estampes étaient toutes en noir ou sommairement coloriées à la main.

5. Hishikawa Moronobu.

Groupe de jeunes filles se regardant dans un miroir.

Très beau et rare dessin sur soie. Œuvre remarquable comme dessin et coloris. (Vers 1689.)

6. Hishikawa Moronobu.

Groupe de personnages.

Charmante peinture sur soie d'une conservation parfaite. Certains caractères, expliquant le sujet, sont de la main du maître (Vers 1700)

7. Hishikawa Moronobu.

Une jeune fille en costume noir se promenant.

Très jolie peinture sur soie. Le traitement de

la tête et de la figure est très caractéristique et la robe noire particulièrement gracieuse. (Vers 1705.)

HISHIKAWA MOROFUSA (vers 1660).

Hishikawa Morofusa, fils aîné de Moronobu s'adonna à la peinture mais devint plus tard teinturier. On trouve rarement les ouvrages de son pinceau.

8. Hishikawa Morofusa.

Jeune fille lisant un livre, près d'un paravant.
Peinture sur soie. Charmant spécimen de l'Ecole de Hishikawa. (Vers 1690.)

9. École de Hishikawa.

Jeune fille avec un éventail rond sous un saule.
Quoique non signée, il est évident que cette peinture sur papier appartient à l'École de Hishikawa, car les caractères de Hishikawa se voient dans le cachet.
L'effet de la robe rouge avec le croisé blanc est frappant. (1680.)

TORII KIYONOBU (1664-1729).

Torii Kiyonobu qui étudia d'abord l'école de Tosa et puis le style de Moronobu fut le fondateur de l'Ecole des Torii. Kiyomoto, son père, étant peintre d'enseignes pour le théâtre, il prit le même métier après la mort de celui-ci. Il est généralement reconnu pour être le premier peintre de genre qui ait imprimé des estampes en couleur au moyen des bois mêmes, malgré qu'il n'existe aucune preuve positive qu'il ait employé ce procédé avant Kiyomasu ou Okumura Massanobu. L'École des Torii se consacra surtout aux scènes de théâtre Ses membres occupaient une sorte de position officielle auprès des théâtres, peignaient en même temps décors et affiches, publiant de nombreuses estampes représentant les acteurs dans leurs rôles.

10. Torii Kiyonobu.

Deux guerriers sous une ombrelle (allusion à l'histoire de Goro et Juro).
Belle et rare peinture sur papier, de petite dimension. Bon échantillon du vieux style d'application d'or sur les poignées de sabre et autres objets, non signée, mais indiscutablement peinte par Torii Kiyonobu dans sa dernière période (1720).

TORII KIYOSHIGÉ (vers 1720).

Élève du premier Kiyonobu, peintre habile de portraits d'acteurs. Certains le considèrent comme élève du deuxième Kiyomasu.

11. Torii Kiyoshighé.

Jeune fille noble en contemplation.
Importante peinture sur soie de cette école : il n'existe nulle part au Japon un autre spécimen de ce genre.
Le coloris du vêtement ressemble à une vieille porcelaine. (Vers 1715.)

TORII KIYOMASU (1706-1763).

Fils aîné de Kiyonobu, suivant de très près la manière de son père, leurs œuvres, parfois, ne se distinguant l'une de l'autre que par la signature. Chef de l'école après la mort de son père.

12. Torii Kiyomasu.

Jeune homme se promenant, un chapeau de jonc à la main.
Petit tableau sur papier de ton adouci, non signé, mais probablement dessiné par Kiyomasu comme esquisse d'une estampe. (Vers 1755.)

TORII KIYOMITSU (1735-1785).

Second fils de Kiyomasu et son successeur comme chef de l'Ecole des Torii. Il apporta dans le style conventionnel des Torii des qualités de grâce et de délicatesse, quelque peu influencé par l'école de Katsukawa.

13. Torii Kiyomitru.

Combat dramatique entre deux acteurs. Le coloris de cette peinture sur papier est aussi frais que si elle avait été exécutée hier.
Non signée, mais incontestablement de l'artiste. (Vers 1780.)

TORII KIYOHARU (vers 1720).

Elève du troisième Kiyomitsu, ne pas confondre avec Koudo Kiyoharu, dont une œuvre figure également dans cette collection.

14. Torii Kiyoharu.

Shoki envoyant une lettre par un diablotin à une jeune fille qui lave à la rivière.
Etroite peinture en hauteur sur papier.
Les œuvres de cet artiste sont très rares au Japon. (Vers 1715.)

15. Ecole des Torii.

Jeune fille pêcheuse demi-nue dans la mer, tenant un grand coquillage.
Joli dessin sur papier, probablement de Torii Kiyotada, premier élève de Torii Kiyonobu.
Les couleurs de la peau et du jupon font un charmant contraste avec le ton de l'eau. (Vers 1750.)

16. Ecole des Torii.

Réunion de famille du Nouvel An dans l'ancien temps.

Ce rare et curieux tableau sur papier est certainement dû à quelque éminent artiste de l'école des Torii. Le traitement des figures et des constructions en perspective est excellent. (Vers 1760.)

17. École des Torii.

Un groupe de femmes lavant des vêtements dans une cour.

Cette rare peinture sur papier est probablement due à Kiyotsune (Vers 1720.)

TORII KIYONAGA (1752-1815).

Torii Kiyonaga, de son vrai nom Sekiguchi Ychibei, le plus grand artiste de sa famille, était élève de Torii Kiyomitsu. Il ne tarda pas à s'éloigner du style traditionnel des Torii et à révolutionner l'École par la puissance et la grâce de son dessin. Il se consacra à l'estampe. C'est à lui qu'est dû, dit-on, ce gris-bleu transparent des robes de lin qui s'harmonise avec les nuances des vêtements de dessous dans une étonnante gradation. Tous les peintres contemporains de l'École, Katsukawa Shunsho aussi bien que Hosoda Yeishi subirent plus ou moins son influence.

18. Torii Kiyonaga.

Un homme et des femmes à l'étage supérieur d'une maison de thé.

Ce tableau sur papier est le chef-d'œuvre de Kiyonaga, dont la maîtrise apparaît à la hardiesse du dessin, à la liberté de la ligne et au respect devant la nature. (1800.)

19. École des Torii.

Groupes de gens à l'étage supérieur d'une maison de thé dépendant d'un théâtre.

Cette charmante composition sur papier n'est pas signée, mais est probablement due à un artiste de la famille des Torii, peut-être Kiyosada ou Kiyomine. (Vers 1800.)

KONDO KIYOHARU (vers 1710).

Quoiqu'il soit cité dans le « Ukiyoé Ruikô » comme un élève de Torii Kiyonobu, Shikitei Sanba, le célèbre écrivain affirme le contraire. Comme tous les peintres de genre de ce temps, Kiyoharu peignit d'après le style des Torii, comme Kiyonobu le fondateur de cette école suivit l'enseignement de Moronobu sans être son élève.

20. Kondo Kiyoharu.

Jeune femme en conversation avec une fillette à propos d'un kakémono représentant Jiro.

Peinture sur papier.

Les œuvres de cet artiste sont très rares.

Les médaillons encadrant des branches de sapin, de prunier et de bambou sont d'un joli arrangement (Vers 1700.)

MIYAGAWA CHOSHUN (1682-1752).

Après Hishikawa Moronobu vinrent deux écoles, celle des Torii et celle des Miyagawa. Miyagawa Choshun peut être considéré comme le vrai successeur de Moronobu Son nom de famille était Bitô. Le nom qu'il prit lui vint du village de Miyagawa, province de Owari, où il naquit. Quand Moronobu mourut en 1714, il avait 33 ans, ce qui fait de lui son contemporain. Ses dernières œuvres montrent l'influence de Kwaigetsudô. Il est à remarquer qu'il ne dessina jamais pour l'estampe et se garda ainsi entièrement pour la peinture.

21. Miyagawa Chôshun.

Une fillette et un homme causant ensemble

Peinture sur soie très fine. Une des œuvres les plus anciennes de l'artiste. (Vers 1720.)

22. Miyagawa Chôshun.

Jeune homme se promenant sous une branche de prunier.

Cette peinture sur soie fait partie d'une série. (Vers 1725.)

23. Miyagawa Chôshun.

Une jeune fille sous une branche de prunier.

Peinture de la même série que le n° 22.

Ces deux peintures (nos 22 et 23) sont remarquables par la richesse de leur coloris.

24. Miyagawa Chôshun.

Prêtre à califourchon sur un cheval et placé face à la croupe

Curieux dessin sur papier, montrant l'influence de l'École de Kano. (Vers 1735)

25. Miyagawa Chôshun.

Homme portant sur son dos une dame de la cour.

Peinture sur soie, montrant au premier plan un saule au bord d'une rivière. (Vers 1735)

26. Miyagawa Chôshun.

Groupe de gens autour d'un montreur de marionnettes.

Long rouleau de papier de la dernière époque de l'artiste alors qu'il subissait l'influence de Kwaigetsudô. (Vers 1740.)

MIYAGAWA ISSHO (vers 1725).

La vie de cet artiste qui fut sûrement un élève de Chôshun, est presque inconnue.

27. Miyagawa Isshô.

Célèbre prêtre et jeune fille dans une habitation rustique.

Jolie peinture sur papier. (Vers 1725.)

28. Miyagawa Isshô.

Deux femmes et un homme, matinée de printemps.
Jolie peinture sur papier. (Vers 1720)

NISHIKAWA SUKENOBU (1671-1715).

Né à Kyoto, cet artiste qui étudia d'abord le style de Kano Einô, ensuite celui de Tosa Mitsusuke, se créa son originalité en fusionnant leurs styles. Ryu Rikyo, le fameux écrivain, l'appelle « la main divine de l'École ». Il fut une des lumières de l'école bourgeoise de Kyoto. Sukenobu et Rippo furent pour Kyoto ce que Matabei et Moronobu furent pour Yedo Il se consacra surtout à l'illustration du livre, d'où la rareté de ses peintures, dont on trouve beaucoup de contrefaçons.

29. Nishikawa Sukenobu.

Jeune fille et deux suivantes près d'une rivière.
Charmante peinture sur soie, remarquable pour le gracieux dessin des robes. (Vers 1730.)

30. Nishikawa Sukenobu.

Danseuse à l'éventail.
Peinture sur papier, non signée. (Vers 1740.)

31. Nishikawa Sukenobu.

Rouleau et balai.
Peinture sur papier, de facture très libre dans le style Kano. (Vers 1745.)

KAWAEDA TOYONOBU (vers 1710).

Le « Ukiyoe-Ruikô » en parle comme d'un maître qui vivait à Kyoto à l'époque Kyôho pendant laquelle florissait Sukenobu, alors dans sa 45e ou 46e année, ce qui nous permet de supposer qu'il fut l'élève de celui-ci. Hypothèse que confirme le style de Toyonobu.

32. Kawaeda Toyonobu.

Mère jouant avec sa fillette.
Peinture sur papier remarquable par le contraste des couleurs sur les robes. Le traitement des têtes rappelle tellement la manière de Nishikawa Sukenobu que, si ce n'était la signature, nous l'eussions attribuée à la première période de celui-ci.

TSUNEMASA (vers 1750).

On ignore le nom de famille de cet artiste. Comme on dit qu'il vivait à Kyoto et que d'autre part, la coiffure et le costume de ses personnages rappellent N. Sukenobu, il fut très probablement son élève.

33. Tsunemasa.

Jeune fille pensant à un ami qui vient de la quitter et qui s'éloigne sur une route couverte de neige.
Très rare composition sur papier. (Vers 1750.)

OKUMURA MASANOBU (1690-1768).

Cet artiste fut l'un des plus élégants et des plus féconds de l'Ecole. Il prit beaucoup d'autres noms parmi lesquels Tanchôsai, Bunkaku, Hôgetsudô, Genroku qu'il réunissait parfois en une longue signature unique par exemple : « Hogetsudô Tauchôsai Okumura Bunkaku Masanobu ». Considéré par certains comme un élève de Kiyonobu, il ne le fut pourtant pas, à proprement dire, malgré l'opinion de Shikitei Sanba. Ce n'est pas seulement comme maître peintre mais aussi comme dessinateur d'estampes qu'il doit occuper une position prépondérante dans l'histoire de l'École. Avant lui l'estampe ne consistait qu'en une sorte de « Tan-é « (estampes colorées au tan ou rouge orange à base de plomb) et les couleurs ne comprenaient que les rouges et les verts. Il introduisit des effets nouveaux en employant un mélange de laque appliquée sur des pigments épais ce qui fut appelé Urushi-é ou « estampe laquée ».

34. Okumura Masanobu.

Jeune femme et sa suivante se promenant ensemble, toutes deux en costume printanier.
Peinture sur papier, non signée, de la première période de l'artiste. (Vers 1720.)

35. Okumura Masanobu.

Scène de théâtre dans l'ancien temps.
Petit paravent en papier.
Rare et intéressant spécimen, où l'artiste a pris soin d'inscrire la date (1731) et son âge (41 ans).

36. Okumura Masanobu.

Dame de la cour, vue à travers un store mince et pêcheur nu dansant.
Très belle peinture sur soie. L'effet du personnage vu à travers le store est très remarquable. (Vers 1735.)

OKUMURA TOSHINOHU (vers 1730).

Considéré par certains comme l'élève de Masanobu, mais plus probablement son fils.

37. Okumura Toshinobu.

Femme écrivant une lettre près d'un moustiquaire.

Peinture sur papier, non signée mais probablement de Toshinobu. (Vers 1730.)

KWAIGETSUDO (vers 1700).

On groupe sous ce nom quatre ou cinq peintres, désignés parfois comme un seul. Le fondateur et le chef de ce groupe fut Kwaigetsudô Ando, dont le nom véritable était Okazawa Genshichi, et qui ne fit aucune estampe.

Les œuvres qui portent simplement la signature de Kwaigetsudô sont probablement dues à un élève de Ando. Nous avons vu que Miyagawa Chôshun subit l'influence de son aîné Kwaigetsudô, qui était contemporain de Torii Kiyonobu.

38. Kwaigetsudô Ando.

Jeune homme causant avec une femme.

Peinture sur soie d'un coloris délicat, d'un dessin ferme et libre. Le personnage d'homme est le premier qui apparaît dans son œuvre. Appartient à la meilleure période de l'artiste. (Vers 1700.)

39. Kwaigetsudô Ando.

Femme en toilette de nuit près d'un moustiquaire.

Peinture sur papier, curieuse en raison de l'attitude de la femme, les personnages de l'artiste étant généralement debout. (Vers 1710.)

SUIWO (vers 1680).

Origine incertaine. Il était, selon les uns, le second fils d'un certain baron de la province de Suwô et fut l'élève d'un peintre de l'école de Kano. Selon d'autres Suiwô était le pseudonyme de Ogawa Haritsu dans sa jeunesse, ce qui nous semble plus véridique.

40. Suiwô.

Scène de « Ise monogatari ».

Peinture sur papier, non signée. (Vers 1710.)

HANABUSA IPPO (vers 1745).

Beaucoup pensent que Ippô est un pseudonyme de Itchô, mais leur style à tous deux est extrêmement différent et nous croyons que Ippô est l'élève de Itchô.

41. Hanabusa Ippô.

Femme parlant à sa servante.

Peinture sur papier remarquable par le coloris des robes. Les œuvres de l'artiste sont très rares. (Vers 1745.)

KANO SHIGENOBU (vers 1725).

Son nom de famille était Ogata. Il naquit à Utsunomiya près de Nikkô et vécut vers l'époque Kyôhô (1716-1736). Il fut l'élève de Kano Eshin (1696 1728) École de Robiki-cho et reçut le nom de son maître. Il fut plus tard au service de Hosokawa, seigneur de Kumamoto.

42. Kano Shigenobu.

Femme en toilette de nuit lisant un livre près d'un moustiquaire.

Peinture sur soie, très exceptionnellement signée du nom entier de l'artiste, car l'Ukiyoé étant très méprisée par l'école de Kano en ce temps, il dissimulait presque toujours son nom. Les couleurs sont chaudes et le dessin témoigne de beaucoup de liberté et de hardiesse. (Vers 1725).

ISHIKAWA TOYONOBU (1711-1785).

D'abord appelé Nishimura Shigeyasu, il fut élève de Nishimura Shigenaga et contemporain de Okumura Masanobu et de Kondô Kiyonaga.

43. Ishikawa Toyonobu.

Grande femme tenant une cage à mouches de feu.

Magnifique composition étroite en hauteur sur papier. Les peintures de cet artiste sont très rares au Japon. Celle-ci est peut-être la seule existante portant sa signature.

44. Ishikawa Toyonobu.

Femme en costume de bain, charmante étude de déshabillé. Peinture sur papier.

SUZUKI HARUNOBU (1718-1770).

Grâce à cet artiste l'art de l'estampe fut amené à la perfection par l'emploi de toute la gamme des couleurs dont il couvrit le dessin — même le fond — jusqu'aux marges de la feuille. Grand dessinateur et coloriste de premier ordre. Il fut élève de Nishimura Shigenaga, auquel il ressemble dans ses toutes premières œuvres, mais le style de sa maturité est indéniable.

45. Suzuki Harunobu.

Jolie femme écoutant le chant du coucou un soir d'été.

Peinture sur soie appartenant à une série. (Vers 1760.)

46. Suzuki Harunobu.

Jeune fille considérant un jardin couvert de neige.

Peinture sur soie de la même série que le n° 45.

La qualité de simplicité dont elle témoigne est aussi remarquable que celle de ses estampes,

Harunobu cherchant avant tout des effets de contraste et d'harmonie. Peu de personnes en Europe ont eu l'occasion d'étudier les peintures originales de l'artiste.

ISODA KORIUSAI (vers 1760).

L'élève le plus important de Nishimura Shigenaga. Dans ses premières peintures il subit fortement l'influence de son camarade d'atelier Harunobu, mais il s'émancipa bientôt. Il fut l'un des rares peintres d'Ukiyoé qui obtint le titre envié de Ylokyo. Ses peintures prouvent qu'il étudia à ses débuts à l'école de Kano.

47. Isoda Koriusai.

Jeune fille disposant des fleurs dans un vase.

Peinture sur soie, de l'époque où l'artiste étudiait aux côtés de son ami Suzuki Harunobu. (Vers 1760.)

48. Isoda Koriusai.

Femme et domestique au clair de lune.

Peinture sur soie d'un art plus sûr et plus large. Bon spécimen de sa période de transition. (Vers 1770.)

49. Isoda Koriusai.

Deux lièvres sur les vagues.

Pochade sur papier, beau spécimen de sa dernière manière. (Vers 1775.)

IPPITSUSAI BUNCHO (vers 1770).

Le plus original de tous les successeurs de Shunsho qui se consacrèrent surtout, dans leurs estampes, aux portraits d'acteurs. On l'a souvent considéré comme un élève de Shunsho, mais il apprit les rudiments de son art chez un peintre nommé Ishikawa Yukimoto que nous ne connaissons que par ce fait.

50. Ippitsusai Bunchô.

Une beauté célèbre, dans une maison de thé, appelée Kagiya.

Peinture sur papier, le seul spécimen que nous connaissions de cet artiste. (Vers 1769.)

SAITO SHARAKU (vers 1790).

Pseudonyme de Saito Iurobei, qui était attaché à la personne de Hachisuka, seigneur de Awa, en qualité de danseur de « No ». Il se consacra à la représentation des acteurs de son temps dans les costumes de leurs rôles et y prouva la plus frappante originalité et la plus grande puissance. Il fut ce que nous appellerions un réaliste et rendit les faces grimaçantes de ses modèles telles qu'il les voyait sur la scène sans autre préoccupation que la verité et l'intensité d'effet. Ses estampes qu'il ne publia que durant une courte période, sont rares et recherchées des collectionneurs, particulièrement en France, à cause de leur caractère.

51. Saitô Sharaku.

Portrait en buste d'un acteur célèbre. (Vers 1790.)

KITAO SHIGEMASA (1739-1819).

Avant de se créer son style il étudia les principes de l'école des Torii. Il fit beaucoup d'illustrations de livres en couleur. Sa collaboration avec Shunsho dans la publication du fameux « Seiro Bijin Awase Kagami » l'a rendu célèbre.

52. Kitao Shigemasa.

Deux femmes jouant avec un chat.

Peinture sur soie, l'une des plus importantes et des plus rares qui soient au Japon.

Dessin remarquable par son mouvement et sa vigueur, coloris clair et lumineux, les motifs des robes font un brillant effet kaléidoscopique et pourtant harmonieux. (Vers 1805.)

KATSUKAWA SHUNSHO (1726-1792).

Elève de Katsukawa Shunsui, lui-même apparenté par son art à Miyagawa Chôshun. Il s'adonna de bonne heure à la représentation des acteurs et fut le chef d'une célèbre école. Tout d'abord très épris de l'art de Shigemasa il parvint à une douceur de ton et à une transparence de teintes exquises. Comme peintre de belles femmes il surpasse Utamaro par la pureté des figures, et même dans sa vieillesse on ne découvre dans son dessin aucune négligence. Le grand Hokusai passa par son atelier.

53. Katsukawa Shunsho.

Beauté célèbre, en costume de danseuse.

Pochade sur papier. (Vers 1775.)

54. Katsukawa Shunsho.

Jeune fille en manteau noir.

Charmante peinture sur soie. Contraste admirable entre le rouge et le noir du vêtement. (Vers 1770.)

KATSUKAWA SHUNKO (vers 1810).

Principal élève de Shunsho. Il est parfois difficile de distinguer les deux artistes : pourtant la ligne de l'élève a plus de douceur que celle du maître. Ses meilleures œuvres sont des dix dernières années du XVIIIe siècle.

55. Katsukawa Shunho.

Courtisane de Yedo se promenant sous un cerisier.

Peinture sur soie dans le faire de Shunsho et où l'élève dépasse le maître. (Vers 1818.)

KATSUKAWA SHUNYEI (1762-1819).

Shunyei, un des meilleurs élèves de Shunsho fut très fameux au Japon. On alla jusqu'à le préférer à Utamaro et à son maître Shunsho; même le grand Toyokuni l'imita. Ses estampes eurent un très grand succès à travers tout le pays. Kitao Shigemasa tint son art en grande estime, disant que ses productions de Yedo-é « étaient incomparables ». Il n'y eut pas moins de vingt-cinq peintres célèbres dans son atelier. Il continua à peindre très avant dans le XIXe siècle.

56. Katsukawa Shunyei.

Jeune fille appuyée contre une colonne.

Bonne composition sur soie. L'état d'angoisse contenue de la jeune fille est bien rendu. (Vers 1805.)

KATSUKAWA SHUNKO (vers 1810).

Il ne faut pas confondre cet artiste, dont peu d'œuvres sont arrivées jusqu'à nous, avec l'élève de Shunsho qui porte le même nom. Il fut un des nombreux peintres qui fréquentèrent l'atelier de Shunyei.

57. Katsukawa Shunko.

Jeune homme écoutant une jeune fille qui joue du « koto ».

Peinture sur soie. (Vers 1810)

KATSUKAWA SHUNTEI (1770-1820).

Éminent élève de Shunyei, dont le style se modifia plus tard sous l'influence de Toyokuni. Il avait deux signatures, l'une pour la première période et l'autre pour la seconde.

58. Katsukawa Shuntei.

Une grande femme en robe noire.

Superbe peinture sur papier du style de Utagawa Toyokuni. Rare gamme de couleurs allant de l'ocre rouge foncé au noir en passant par le vert olive tendre. (Vers 1815.)

SHIBA KOKAN (1747-1818).

De son vrai nom Andô Kichijirô, né dans la province de Kii. Après avoir étudié chez Kano Koshin et chez Sô Shiseki il apprit la peinture européenne d'un artiste hollandais de Nagasaki et devint le fondateur de l' « École occidentale ». Il avoue dans ses confessions avoir fait beaucoup d'imitations de Harunobu.

59. Shiba Kôkan.

Cascade dans les rochers.

Peinture sur soie. (Vers 1795.)

KITAGAWA UTAMARO (1754-1805).

Fils et élève de Toriyama Sekiyen, peintre de l'Ecole de Kano qui avait adopté certains principes de l'Ukiyoé. Après Hokusai, Utamaro est probablement le peintre japonais le plus connu en Europe. Il peignit d'abord dans le style de Kano et à travers toute sa productio nous trouvons de temps en temps des traces de son éducation classique. Quand il commença à peindre suivant l'Ukiyoé, il subit ainsi que tous les jeunes gens de sa génération l'influence de Kiyonaga, mais développa graduellement une manière plus personnelle. Les amateurs du monde entier se sont familiarisés avec ses figures de femmes d'un si joli dessin. Il mourut en 1806, laissant quelques rares élèves de moindre importance.

60. Kitagawa Utamaro.

Jeune dame écrivant une lettre, pendant que ses amies chuchotent ensemble.

Belle composition sur soie de coloris très riche et d'une conservation parfaite. (Vers 1790.)

61. Kitagawa Utamaro.

Servante tenant une lanterne à la main conduisant sa maîtresse à un bateau de plaisance.

Très bonne peinture sur papier. Une des plus délicates et des plus charmantes compositions du maître Le jaune adouci et le noir de la robe forment la plus belle harmonie avec les lignes ocre-rouge et le gris foncé de la proue du bateau. (Vers 1803.)

UTAMARO II (vers 1820).

Cet artiste dont le véritable nom fut Kitagawa Tetsugorô prit d'abord le pseudonyme de Koishikawa Harumachi II, mais après la mort d Utamaro I il épousa sa veuve et adopta son nom Nous n'éprouvons pas pour distinguer leurs peintures originales la même difficulté que quand il s'agit de leurs estampes.

62. Utamaro II.

Femme décolletée, dans un entourage de sceaux.

Importante œuvre sur soie.

Les fleurs de prunier qui encadrent le sujet sont dues à l'artiste lui-même. (Vers 1810.)

KITAGAWA TSUKIMARO (vers 1820).

Appelé d'abord Kikumaro il fut un des meilleures élèves de Utamaro I. Son style dégénère plus tard quand il se met à imiter Katsushika.

63. Kitagawa Tsukimaro.

Jeune femme en costume de fête.
Peinture sur soie. (Vers 1800.)

HOSHU FUJIMARO (vers 1820).

Élève d'Utamaro, nommé aussi Shikasai, plus tard élève de Hokusai (Sori).

64. Hoshu Fujimaro.

Une paysanne à côté d'un bœuf chargé de fagots.
Peinture sur soie montrant l'influence du style de Sori.

KIKUGAWA EIZAN (vers 1820).

Ami de Toyokuni I et élève de Hokusai il fut à la mort d'Utamaro un des peintres les plus réputés de jolies femmes.

65. Kikugawa Eizan.

L'Abandonnée (grande et belle femme debout).
Peinture sur papier de la première manière de l'artiste. (Vers 1810.)

66. Kikugawa Eizan.

Jeune femme en costume d'été.
Peinture sur soie de sa dernière période avec la signature en petits caractères et le type du visage différent de celui de la première manière. (Vers 1825.)

TSUKIOKA SETTEI (1759-1835).

Élève de Takata Keisuke, de son nom véritable Kida-Masanobu. En mettant à contribution les méthodes japonaises et chinoises il se forma un style personnel.

67. Tsukioka Settei.

Groupe de gens à la recherche d'un couple.
Curieux dessin sur soie. (Vers 1820.)

68. Tsukioka Settei.

Fillette tenant une poupée.
Peinture sur papier de sa première manière. (Vers 1810.)

HASEGAWA SETTAN (vers 1810).

Hasegawa Settan ou Gotô Moemon, pseudonymes : Ichiyôsai et Gangakutei est l'auteur de « Yedo Meisho Zue ». (Curiosités de Yedo avec illustrations.)

69 Hasegawa Settan.

Effet d'automne. Deux daims sur une colline au clair de lune.
Peinture sur papier. (Vers 1810.)

HOSODA YEISHI (mort en 1829).

Hosoda Yeishi, arrière petit-fils de Hosoda Tanba-no-Kami, trésorier du Shogun, d'abord élève de Kano Yeisenin Tenshin fut attiré par l'Ukiyoé, surtout par les œuvres de Kiyonaga. Il développa plus tard un style personnel très attrayant, peignant surtout de grandes femmes sveltes et élégantes. Vers la fin de sa vie il s'occupa exclusivement de peindre et ne fit plus d'estampes.

70. Hosoda Yeishi.

Jeune fille élancée près d'un « koto ».
Ravissante peinture sur soie de la meilleure manière de l'artiste. La chevelure bouffante à la mode de son temps est merveilleusement rendue. Doux coloris et charmante harmonie des jaunes et des pourpres. (Vers 1785.)

SEIGETSUSAI YEISETSU (vers 1810).

Élève de Yeishi. Nous ne connaissons rien de sa vie.

71. Seigetsusai Yeisetsu.

Jeune fille en magnifique costume de fête.
Brillante peinture sur soie. Sans la signature nous l'aurions attribuée au maître Hosada Yeishi lui-même. (Vers 1785.)

UTAGAWA TOYOHARU (1735-1814).

Utagawa Toyoharu ou Masaki est le fondateur de la famille Utagawa. Il étudia d'abord à Kyoto le style de Kano sous Tsuruzawa Tangei, puis vint à Yedo et fréquenta l'atelier de Ishikawa Toyonobu. Toyohiro et Toyokuni furent célèbres entre ses disciples.

72. Utagawa Toyoharu.

Jeune fille en robe noire sous un cerisier.
Curieuse peinture sur papier de la toute première manière du maître. (Vers 1765.)

73. Utagawa Toyoharu.

Trois jeunes filles exécutant une danse.
Magnifique peinture sur soie. Une riche composition de parfaite conservation. (Vers 1785).

74. Utagawa Toyoharu.

Cinq dames se promenant sous la branche d'un cerisier.
Très beau portrait d'une courtisane de Yedo avec ses suivantes dans leurs costumes de promenade les plus recherchés.
Magnifique grande peinture sur soie, très riche de ton et aussi fraîche que si elle avait été exécutée hier. (Vers 1800.)

UTAGAWA TOYOKUNI (1769-1825).

Né à Yedo en 1769, fils d'un sculpteur sur bois, élève de Utagawa Toyoharu. Il changea plusieurs fois de manière, mais fut toujours un artiste d'une grande habileté. Pourtant vers la fin de sa vie son art devint plus vulgaire, à l'exemple de tous les peintres de son temps, sans doute parce qu'ils obéissaient au mauvais goût du public.

75. Utagawa Toyokuni.

Célèbre courtisane faisant des prières pour faire tomber la pluie.
Peinture en noir et blanc sur soie. Intéressant spécimen de la toute première manière de l'artiste. La tête de la femme ressemble aux œuvres de Toyoharu. (Vers 1800.)

76. Utagawa Toyokuni.

Jeune courtisane et ses deux suivantes.
Peinture sur soie de la période intermédiaire du maître. (Vers 1805.)

77. Utagawa Toyokuni.

Femme sous un cerisier portant un léger manteau.
Bonne peinture sur soie. (Vers 1817.)

78. Utagawa Toyokuni.

Femme réveillée par un chat.
Grande et vigoureuse pochade sur papier. (Vers 1815.)

79. Utagawa Toyokuni.

Dame lisant une lettre.
Bonne composition sur soie. (Vers 1820.)

UTAGAWA TOYOHIRO (1773-1828).

Un des grands élèves de Toyoharu, ami et camarade de Toyokuni, peintre aussi expert et habile que ce dernier, qui n'obtint sa grande célébrité que parce qu'il suivit la mode qui était à ce moment aux estampes.

80. Utagawa Toyohiro.

Sept jeunes et belles filles lisant différentes parties d'une longue lettre. Parodie du sujet classique de l'école chinoise qui représente les sept sages dans la forêt de bambou.
Peinture sur soie, très ressemblante aux œuvres de Toyoharu. (Vers 1802.)

81. Utagawa Toyohiro.

Jeune fille à une cérémonie de thé.
Large peinture sur soie.
Le traitement de la perspective du paysage est excellent. (Vers 1815).

82. Utagawa Toyohiro.

Jolie femme écoutant le chant du coucou.
Peinture sur papier donnant une impression très vive d'un soir d'été. (Vers 1820).

UTAGAWA KUNISADA (1786-1864).

Il se nomma aussi Gotobei, Kosoen et Kochoro et fut le plus connu et le plus fécond des élèves de Toyokuni, dont il adopta le nom en 1844. En général ses premières œuvres signées Kunisada sont de beaucoup les meilleures.

83. Utagawa Kunisada.

Bateau de plaisance passant sous un pont de Yedo un soir d'été.
Peinture sur soie. (Vers 1840.)

84. Utagawa Kunisada.

Petite fille voulant s'amuser à noircir d'encre la figure d'une jeune fille dormant.
Riche et agréable composition sur soie de la meilleure période de Kunisada. (Vers 1835.)

85. Utagawa Kunisada.

Deux jeunes femmes écoutant le chant du coucou.
Peinture sur soie de sa première période. Le coucou est peint par Ei-ikkei. (Vers 1822.)

UTAGAWA SADAHIDE. (Vers 1840.)

Principal élève de Kunisada, très attentif aux

enseignements de l'école européenne, très habile dessinateur de cartes géographiques et le plus fertile illustrateur de romans.

86. Utagawa Sadahide.

Deux jeunes filles se promenant sous les cerisiers en fleurs au bord de la Soumida.
Peinture sur soie. (Vers 1840.)

KATSUSHIKA HOKUSAI (1760 1849).

Né en 1760, au commencement de sa carrière pendant peu de temps élève de Shunsho. Il est le plus connu en Europe des peintres japonais et on a consacré des volumes à lui et à son art. Nous ne pouvons pas suivre ici les développements multiples de son style mais seulement noter qu'il fut certainement le génie le plus versatile de l'Ukiyoé et un étonnant dessinateur dans toutes les catégories de son art. Dans ses paysages il appliqua réellement une conception toute personnelle, adaptée aux procédés de l'estampe en couleur, conception hardie par laquelle il obtint les plus beaux résultats. Il mourut en 1849.

87. Hokusai.

Paysanne venant de couper du bois s'est endormie et rêve des amusements qu'apportera à elle et à ses amies le jour prochain de « la Fête du Cheval ».
Peinture sur papier, non signée, mais probablement de la période où l'artiste signait Sori. (Vers 1795.)

88. Hokusai.

Guerrier chinois.
Peinture sur papier, signature partiellement grattée. (Vers 1807.)

89. Hokusai.

Groupe de dames de la Cour.
Peinture en noir et blanc sur papier. Le traitement des têtes et des visages est très caractéristique et l'ombre sur les cheveux est parfaite. Les ornements sur chaque partie des différents vêtement sont dessinés avec une merveilleuse exactitude. C'est un des plus fins spécimens de l'art de Hokusai. (Vers 1810.)

90. Hokusai.

Deux homards du Japon.
Petite esquisse sur papier, légèrement colorée, montrant bien la vigueur de son style et sa facture. (Vers 1812.)

91. Hokusai.

Jeune fille revêtue d'un manteau d'hiver et tenant un parapluie noir à la main se promène sur une route couverte de neige.
Magnifique peinture sur soie, d'un effet de coloris harmonieux extraordinaire et un des plus beaux spécimens du style du maître. (Vers 1815).

92. Hokusai.

Poisson et œillet.
Jolie peinture sur papier, magnifique contraste d'un bleu très profond et d'un rose pâle. (Vers 1828).

KATSUSHIKA HOKUBA (vers 1800).

Il ne manqua certainement pas de génies parmi les élèves de Hokusai et personne ne peut nier que Hokuba fut le plus brillant artiste dans toute la lumineuse constellation. Son coloris exquis que Tani Buncho apprécia hautement lui assura une réputation méritée. Malgré que son style un peu plus tard dégénéra misérablement sous l'influence de l'école d'Utagawa, ses premières œuvres méritent vraiment toute notre admiration.

93. Katsushika Hokuba.

Trois jeunes filles autour d'un grand pot.
Parodie du sujet chinois : « Sansei ku su ». Peinture sur soie. (Vers 1830.)

94. Katsushika Hokuba.

Courtisane de Yedo en costume de fête, portant une lanterne. Peinture sur soie. (Vers 1825.)

95. Katsushika Hokuba.

Jeune fille en costume de fête.
Peinture sur soie. (Vers 1815.)

ANDO HIROSHIGE (1797-1858).

Célèbre paysagiste, d'abord élève de Okajima Rinsai (peintre peu connu de l'école de Kano), plus tard de Toyohiro. Ses nombreuses estampes représentant les beaux sites de son pays sont très connues en Europe. Vers la fin de sa vie il travailla en collaboration avec un élève qui prit son nom après sa mort. Ce second Hiroshige, plus habile comme peintre que comme dessinateur d'estampes, cessa bientôt de travailler et ses œuvres sont plus rares que celles de son maître. Il fut suivi d'un troisième Hiroshige, un artiste très inférieur dont la production néanmoins est souvent considérée comme faisant partie de celle de Hiroshige II.

96. Andô Hiroshige.

Courtisane de Yedo se promenant sous les cerisiers.
Peinture sur soie, sujet rare dans l'œuvre du paysagiste. (Vers 1857).

97. Andô Hiroshige.

Bateau de pêche à Suzume-ura.
Peinture sur grosse soie.
Probablement faisant partie de la célèbre série des 8 vues de Kanazawa. (Vers 1850.)

98. Andô Hiroshige.

Route dans les montagnes à Hakone.
Peinture sur grosse soie. (Vers 1850.)

99. Andô Hiroshige.

Fuji vu de Hara.
Peinture sur soie, une des 53 stations de la célèbre voie du « Tokaido ». (Vers 1855.)

100. Andô Hiroshige.

Bac sur la Soumida.
Peinture sur soie.
Le sujet est pris dans le « Narihira » et montre les mouettes que célèbre un poème du conte. (Vers 1845.)

Le Traducteur, n'ayant pu se référer aux originaux, au cours de son travail, doit décliner toute responsabilité quant aux quelques inexactitudes qui ont pu se glisser dans la désignation des sujets des peintures auxquelles se rapporte le présent catalogue.

Pour déterminer d'une façon précise l'équivalent français de tel ou tel terme anglais, il eût été bon, en effet, en certains cas, de pouvoir examiner directement l'œuvre décrite. Les inexactitudes, s'il s'en est produit, ne peuvent concerner, d'ailleurs, que des points de détail.

CATALOGUE

Of FUKUBA'S COLLECTION

OF

One Hundred Ukiyoé Paintings.

PREFACE

Genre Paintings (*Ukiyoe*).

I am the collector and owner of one hundred paintings of the Ukiyo-e School, which were shown under the name of TORU FUKUBA, in the Fine Arts Palace Japan-British Exhibition, London, 1910, and also in the Royal Academy of Fine Arts, Stockholm (January-February 1911).

The reasons why paintings were selected rather than prints will be made clear by reading the following explanation.

At the time when prints were made, they were reproduced by the thousand, and there are to day, a great many of them still in existence: while on the contrary, the genre paintings are extremely rare. The genre artists of former day seem to have been too busy in the preparation of originals for the illustration of novels, as well as in making prints, to spare many hours for painting. Considered from an artistic point of view, the genre paintings were supposed to be far inferior to those of the Kano and Tosa Schools, an das the public did not take much interest in them, there was little demand for them. This fact accounts for their rarity to-day.

In the case of prints, importance is attached to the harmony of colouring, while in paintings, not only is attention paid to colour, but there is an actual lustre in the colours, and, in striking contrast to prints, there is to be found a freedom of touch and life.

With regard to the size of the pictures, the prints are, at the maximum, 10 inches by 15, the average size being 4 inches by 2 feet, while in the case of paintings, the average size is 1 foot 3 inches by 3 feet. The larger ones are 2 by 4 feet. In paintings there was ample space for artists to use their brushes freely. In prints, there is often to be found inferior workmanship in the engraving, while in original paintings the artist is free to use his powers to the fullest extent.

Prints may be compared with metal castings that can be cast in any desired number from the moulds, and although there is an advantage in obtaining unlimited numbers of uniform pictures, the are lacking both in life and artistic taste. The opposite is true of the painting.

As there are a great many prints for sale, they are yearly exported to foreign countries, while paintings are becoming rarer on account of damage and loss by age or fire. Very few of these old paintings are exported, and frequently those sent abroad are counterfeits. Many people in foreign countries do not yet know how to appreciate the genuine genre painting. It may, however, be easily inferred, that an original Ukiyo-e painting is much superior to a print, and those marked rare in this collection are the most highly valued specimens of Japanese art in existence. No other single collection would be able to exhibit the products of the peculiar genius that Japan has produced.

The present collection has been selected from many quarters, and is considered worthy of illustrating both historically and artistically the development of genre painting. In order to accomplish this, collectors have been busy for several years. From a genealogical point of view the present collection comprises all the artists who are recognised as founders of this school of painting. Not a single artist of eminence has been omitted and their works are shown in chronological order — Iwasa Shoi, Hishikawa Moronobu, Nishikawa Sukenobu, to Hokusai and Kunisada. There are only a few famous artists whose works are not included in this collection. In the selection of these pictures special attention has also been paid to the different mode of treatment employed by different artists. Specimens have been purposely selected to illustrate the different styles of the different times, by the paintings of Miyagawa Choshun, Utagawa Toyokuni, and Utagawa Toyohiro.

Although the actual number of pictures in the collection does not exceed one hundred, yet such care has been bestowed upon their arrangement that one is able too see at a glance the history and development of Japanese genre painting. So unique and representative a collection of Ukiyo-e painting cannot fail to interest all Western lovers of Eastern Art.

YOJIRO KUWABARA.

CATALOGUE

IWASA MATABEI (1578-1650).

This school was founded by Iwasa Matabei, a man of noble birth, who was born in 1577. Matabei, alias Katsumochi, had two pen-names, Dòon and Un ô. He was the son of Araki Murashige, a well-known warrior in the Tensho Era. When Araki was killed by Oda Nobunaga, he was an infant of two years of age, and was sheltered in the Honganji Temple in Kyoto. As he grew up, he adopted the name of his maternal family Iwasa, and served Ota Nobuo as a retainer, at whose ruin he became vagrant and lived in Fukui, Echizen. Iyemitsu, the third Shogun, summoned him to Yedo. He studied first the Kanô and then the Tosa styles of painting, forming, in the end, a style of his own. In this style both the Kanô and the Tosa had their parts, though, in the main, the new method was the product of Matabei's own genius. The name of the school was drawn from the class of subject its members commonly treated-the nearest possible literal translation of *ukioye* being « passing-world pictures », and the nearest equivalent sense being conveyed by the word *genre*. Matabei and his followers painted the ordinary life of the Japanese of all classes in their day, though it must not be supposed that they were the first Japanese painters to do so. Many men of the classic Tosa school had painted *genre* before them, though only as an exception to their more usual subjects of history, court life, war, chase, or in accessory groupings connected with those subjects. The Kanô school also had its paintings of ordinary Japanese life, although here such pictures were rarer than with the Tosa school, the Kano school being of Chinese origin : nevertheless, Kanô Sanraku painted so many *genre* pictures that a number of them have been ascribed to Matabei. Still, as I have said, in the classic schools the painting of *genre* was exceptional or incidental; with the *ukioye* painters it supplied the staple and main subjects.

1. Iwasa Matabei.

A delicate painting on paper representing a group of people passing through a gate. This artist was the founder of the popular school of painting in Japan; though unsigned, there can be no doubt that this wosk was painted by Iwasa Matabei in his earlier period. Date 1615.

HANADA TAKUMI (about 1665).

Hanada Takumi, is a contemporary of Iwasa. At that time all the masterpieces of Ukiyo-e were attributed to Iwasa. Hanada's works were so excellent that they were often mistaken as those of his great contemporary master. Saikaku, a famous novelist of Genroku era, called him as « a master-hand of the Ukiyo-e ».

2. Hanada Takumi.

A beautiful painting on paper of a young girl making ready to dance. This is a very rare and interesting painting showing the style of hair-dressing of that period. Though the seal cannot be read, it may have been drawn by Hanada Takumi. Date about 1665.

3. Tosa School.

A beautiful painting on silk of a youth trying to write. Though unsigned, it may have been drawn by some Tosa artist. Date about 1650.

4. Tosa School.

A girl in red costume. This is a very brilliant painting on paper. Though unsigned, it may have been drawn by some artist belonging to Tosa school. Date about 1670.

HISHIKAWA MORONOBU (1638-1714).

Hishikawa Moronobu, who also used the name Kichibei, was the son of Hishikawa Kochiku, known as the cleverest gold embroiderer of his time. He was born in 1638, at Hota, in the Province of Awa. When he became old he was known by the name of Yûchiku. He first practised his father's art and made designs for silks and dresses; but after a time he went to Yedo, and there studied the Tosa style of painting. Later, at about fifty years of age, he studied the Kanô School keenly, and was much influenced by it, but in the main he followed in the steps of Matabei, founder of the *ukiyoe* school of painting. Moronobu was the first important painter to draw for wood engraving, and his vigorous work is now very rare. His prints were all either in simple black, or roughly touched with colour by hand.

5. Hishikawa Moronobu.

A group of young girls looking in a mirror; this is a very splendid and unusual design on silk. The Artist was the originator of a new style of wood engraving. This is most beautiful work both in drawing and colour. It appears to have been painted about 1689.

6. Hishikawa Moronobu.

A group of figures. A very charming painting on silk; in perfect preservation. Certain characters on the painting explanatory of the subject are in the hand-writing of the Artist. Date about 1700.

7. Hishikawa Moronobu.

A young girl out walking in a black costume. A very charming painting on silk. The treatment of the head and face is most characteristic, and the black robe is especially graceful. Date about 1705.

HISHIKAWA MOROFUSA (about 1660).

Hishikawa Morofusa, the eldest son of Moronobu, took painting as his profession, but became a dyer afterwards. So the works done by his brush are seldom to be found.

8. Hishikawa Morofusa.

A beautiful painting on silk of a young girl reading a book, by a folding screen. The painter was the only son of Moronobu. This is a characteristic example of the Hishikawa School. Date about 1690.

9. Hishikawa School.

A Young girl with a round fan under a willow. A charming painti g on paper. Though unsigned, it is clear that this belongs to the Hishikawa school, for the characters of Hishikawa are seen in the seal. Thed red robe with white cordon upon it is striking. Date 1680.

TORII KIYONOBU (1664-1729).

Torii Kiyonobu first studied the Tosa School and the style of Moronobu, and originated the Torii School. As Kiyomoto, his father, painted picture sign-boards of theatres, he took the same work after the death of Kiyomoto. He is recognised by tradition as the first of the ukiyoe painters to produce prints coloured from blocks, though there seems to exist no positive evidence that he used the process earlier than Kiyomasu or Okumura Masanobu. Kiyonobu lived from 1664 to 1729, and was the founder of the long line of artists of the Torii sub-school, who devoted themselves chiefly to theatrical subjects; in fact they occupied a sort of official position in relation to the stage, painting scenery and posters, as well as issuing many prints representing actors in character.

10. Torii Kiyonobu.

Two warriors under an umbrella (kasa) : A very beautiful and rare, though a small painting on paper. A dramatic design of Goro and Juro. This is a good sample of the old style pasting sheet gold upon sword-hilts or other objects. Though unsigned, there can be no doubt that this was painted by Torii Kiyonobu in his latter period. Date 1720

TORII KIYOSHIGE (about 1720.)

Torii Kiyoshige, a pupil of the first Kiyonobu, was skilful in painting portraits of actors. Some say that he was a pupil of the second Kiyomasu.

11. Torii Kiyoshige

A very charming painting on silk of a young girl of noble family, in contemplation. An important painting of this school. An example of this description is not to be found elsewhere in Japan. The colour of the robe is like a piece of old porcelain. Date about 1715.

TORII KIYOMASU (1706-1763.)

Torii Kiyomasu is the eldest son of Kiyonobu and studied the manner of the Torii School after his father. The work of the two proceeds side by side — being sometimes so similar as to be indistinguishable except for the signatures. After the death of Kiyonobu. Kiyomasu succeeded to the headship of the school

12. Torii Kiyomasu.

A small delicate painting on paper of a young man walking, holding a sedge-hat in one hand. Though this is unsigned, it was probably drawn by Torii Kiyomasu, son of Kiyonobu, as a first sketch for printing. The colours are soft and the lines ar good. Date about 1755.

TORII KIYOMITSU (1735-1785).

Torii Kiyomitsu is the second son of Kiyomasu. He succeeded Kiyomasu in the headship of the Torii line. He brought a new quality of grace and sweetness into the Torii convention, and his style was somewhat modified by the influence of the Katsukawa School.

13. Torii Kiyomitsu.

A very brilliant painting on paper of a dramatic struggle between two actors. The colour is as fresh as if it had been painted only yesterday. Though unsigned, there can be no doubt that this is a very fine original work by Torii Kiyomitsu, son of Torii Kiyomasu. Date about 1780.

TORII KIYOHARU (about 1720).

Torii Kiyoharu, a pupil of the third Kiyomitsu, is a person different from Kondô Kiyoharu, as is shown in the « Zoho Ukiyo-e Ruikô ». The fact is more obvious, when his work is brought into comparison with the work of Kondô Kiyoharu in my ownership.

14. Torii Kiyoharu.

Shoki sending a letter by the devil to a girl while she is washing in a stream. A long narrow painting on paper. The subject of communication between the warrior called Shoki and such a young girl is something of a joke. This painters workr are very rare in Japan. Date about 1715.

15. Torii School.

A charming picture of a semi-nude young girl holding up a large sea-shell. A nice design painted upon paper, probably the work of Torii Kiyotada who was Torii Kiyonobu's first pupil. The colours of the flesh tint and the undergarments make a very charming contrast with the colour of the water. Date about 1750.

16. Torii School.

An old time New Year's family fête. A peculiar and uncommon design on paper. It is certain that this was painted by some eminent artist of the Torii School. The perspective treatment of the distant figures and building is good. Date about 1760.

17. Torii School.

A group of women washing clothes in a court. A very rare design on paper. This was probably painted by Kiyotsune. Date about 1720.

TORII KIYONAGA (1752-1815).

Torii Kiyonaga, his real name being Sekiguchi Ichibei, the greatest artist of his line, was a pupil of Torii Kiyomitsu. Working as a pupil in the manner of his master, he very soon broke wholly away from the traditional Torii style, and changed the whole face of ukiyo-e art by the influence of his powerful drawing, full as it was of grace and dignity. solidity and effect. He concentrated his thoughts upon printing. He originated, it is said, that unique shading of colours produced by the transparency of hemp-garment of bluish grey and the harmonizing colour of underclothing, as is often to be seen in his beauties. Every contemporary painter of the school, such as Katsukawa Shunchô and Hosoda Yeishi, came under Kiyonaga's influence in a greater or less degree.

18. Torii kiyonaga.

A man and girls seen in an upper floor of a tea house. A very rare and remarkable painting in rich, deep colours on paper. This drawing is unique; its like could note be found in all Japan. Kiyonaga's supremacy is shown by the boldness of his drawing, the accuracy and freedom of his lines and by his truth to Nature. The colour of the tall girl's costume standing by the pillar of the house is very striking. This is Kiyonaga's masterpiece. Date 1800.

19. Torii School.

Groups of people seen in an upper floor of a Tea House attached to a theatre. A charming composition on paper. This is unsigned also, but was probably painted by a member of the Torii School at a somewhat later period, such as Kiyosada or Kiyomine. Date about 1800.

KONDO KIYOHARU (about 1710).

Although the « Ukiyo-e Ruikô » mentions him as pupil of Torii Kiyonobu, he is evidently not, according to Shikitei Sanba, a famous writer. The Ukiyo-e painters at that time all followed after the Torii style. And so did Kiyoharu, just as Kiyonobu, the founder of the Torii style, painted after Hishikawa Moronobu, though not his pupil.

20. Kondo Kiyoharu.

A young woman conversing with a little girl about a painting of a Jiro in Kakemono. A pleasing painting on paper. The works of this Artist are very rare. The medallions of pine, plum, and bamboo on the robe are beautifully drawn. Date about 1710.

MIYAGAWA CHOSHUN (1682-1752).

After Hishikawa Moronobu there arose two schools, — the Torii and the Miyagawa. As the masters of the direct lineage of Moronobu were inactive, Miyagawa Choshun may well be mentioned as the successor of Moronobu in the true sense. His original family name was Bitô. He changed his name, for, it is told, he was born in the Village of Miyagawa in the Province of Owari. He may be called a contemporary of Moronobu, as he was thirty-three years old when the latter died in 1714. His later works were more or less influenced by Kwaigetsudô. It is worthy of note that he never painted for print and thus kept himself aloof as a painter in the genuine sense. His works are characteristically noble and graceful, though ranked as the Ukiyo-e.

21. Miyagawa Chôshun.

A young girl and a man talking with each other. The colouring is brilliant and it is painted on the finest silk. This is the earliest work of Choshun. The treatment of the head and face is most characteristic, the whole composition is good, and the lines are drawn with precision and freedom. Date about 1720.

22. Miyagawa Chôshun.

One of a set.

A young man walking under a branch of a plum tree. A charming painting on silk. Date about 1725.

23. Miyagawa Chôshun.

Second of same set.

A charming painting on silk of a young girl walking under a branch of a plum tree. Both the pictures in this set (nos 22 et 23) are richly coloured. The designs upon the robes of the figures are chrysanthemums.

24. Miyagawa Chôshun.

A priest riding on horseback, with his face turned to the crupper. Strange design on paper. The difference in style of drawing when compared with preceding ones, is explained by the fact that Choshun first studied in the Kano School. Date about 1735.

25. Miyagawa Chôshun.

A man carrying a court lady on his back. An unusual design on silk. In the foreground there is a willow by the side of a stream. Both the tree and the water are well executed. Date about 1735.

26. Miyagawa Chôshun.

A long scroll.

Groups of people around a puppet-man. A very richly coloured painting on paper in Chôshun's latest style of drawing, when he was under the influence of Kwaigetsudo. Date about 1740.

MIYAGAWA ISSHO (about 1725).

The life of Miyagawa Isshô, a star of the School of Choshun, is not well known. Doubtless he was a pupil of Choshun, judged by the style.

27. Miyagawa Isshô.

A celebrated priest and young girl in a rustic habitation. A nice pain ting on paper. This artist was a pupil of Miyagawa Choshun. Date about 1725.

28. Miyagawa Isshô.

Two girls and a man on a spring morning. A charming painting on paper. The contrast and harmony in the colours of their robes is striking. Date about 1720.

NISHIKAWA SUKENOBU (1671-1751).

Nishikawa Sukenobu, born in Kyoto, studied under Kanô Einô, then under Tosa Mitsusuke, and brought out a style of his own by blending the styles of the two masters. Ryu Rikyo, a famous scholar, admired him in his book as « the divine master-hand of the Ukiyo-e ». He was a leading light of the bourgeois school in Kyoto. Sukenobu and Ripuo, the two stars of the Ukiyo-e School in Kyoto may be compared with Matabei and Moronobu, the two others in Yedo. Most of his works are illustrations of books, his original paintings being scarce. Unfortunately there are many forgeries.

29. Nishikawa Sukenobu.

A very charming painting on silk of a young girl and two attendants by a river. The patterns of the robes are exceedingly graceful and the colouring throughout is good. Date about 1730.

30. Nishikawa Sukenobu.

A very charming painting on paper of a dancing girl with a fan. Though unsigned, there can be no doubt that this was painted by Nishikawa Sukenobu. Date about 1740.

31. Nishikawa Sukenobu.

A scroll and a broom A sketch drawn with great freedom upon paper This is in the Kano style, for Sukenobu had been a pupil of Kanô Einô, and such a signature is quite rare. Date about 1745.

KAWAEDA TOYONOBU (about 1710).

The « Ukiyo-e Ruikô » describes him as a master in Kyôto who lived in the Kyôho era, during which Sukenobu was flourishing at his forty-five or forty-six years of age. Thus we can guess that he was a pupil of Sukenobu. The style of his paintings confirms the fact.

32. Kawaeda Toyonobu.

A mother looking at a young girl holding a ball. A very charming painting on paper. The style in which the heads are drawn shows that this artist was a pupil of Nishikawa Sukenobu. Indeed, if it were not for the signature, we should have been inclined to ascribe this to Sukenobu himself in his earlier period. The contrast of colours in the robe is exceedingly fine.

TSUNEMASA (about 1750).

Tsunemasa's familly name is unknown. Most probably he was a disciple of Nishikawa Sukenobu, judged by the coiffure and costumes of the figures in his paintings as he is said to have lived in Kyôto.

33. Tsunemasa.

A young girl thinking about a friend who has just left her and is walking along a snowy road. A beautiful painting on paper. Very rare composition in which there is a very fine contrast of colours. Date about 1750.

OKUMURA MASANOBU (1690-1768).

Okumura Masanobu was one of the most elegant and prolific of the early Ukioe artists. He used many other names Tanchôsai, Bunkaku, Hôgetsudô, Genroku, and others — sometimes displaying several of them in one long signature, as « Hogetsudo Tanchosai Okumura Bunkaku Masanobu ». He is sometimes called a pupil of Kiyonobu. But he was not as maintained by Shikitei Sanba, personally under Kiyonobu. Every Ukiyoe painter in his time followed either Moronobu or Kiyonobu Evidently Masanobu was a follower of the latter, and especially in his earlier works we can trace the characteristics of the Torii School. Not only as an expert in painting, but as a printer he would occupy a weighty position in the history of Ukiyoe. At this time the print of a single sheet was nothing but a modified kind of *Tan-e* or prints coloured by *tan* or red lead, and the colours used were limited only to red and green. It was he who introduced novel effects of lustre by using a mixture of lacquer on thick pigments, thus producing what is known as the *Urushi-e* or lacquer-prints.

34. Okumura Masanobu.

Two girls walking together, both in spring costumes. A delicate painting on paper. Though unsigned, there can be no doubt that this was painted by Okumura Masanobu in his earlier period. Date about 1720.

35. Okumura Masanobu.

Small folding screen. A theatre scene in the old days A most brilliant composition on paper: — Such a rare and interesting one that the artist has here recorded the date 1731, and that he was forty one years of age.

36. Okumura Masanobu.

A court lady to be seen through thin blinds and a nude fisherman dancing. A very beautiful painting on silk The figure of the woman, seen through blinds, is wonderfully drawn and well composed. Date about 1735.

OKUMURA TOSHINOBU (about 1730).

Okumura Toshinobu is said by some, to be the son of Masanobu and a pupil by others It is more correct to acknowledge him as Masanobu's son.

37. Okumura Toshinobu.

A girl writing a letter, near a mosquito-net. Very good painting on paper. Though unsigned, it is clear that this belongs to the Okumura School, and we believe it may have been drawn by Okumura Toshinobu, a pupil of Masanobu. Date about 1730.

KWAIGETSUDO (about 1700).

Under the name of Kwaigetsudô is grouped a small school of four or five painters. though it is often the practice to speak of the extremely rare work of all of them as that of one man It is certain, however, that the founder and head of the group was the painter who signs himself Kwaigetsudô Ando His real name was Okazawa Genshichi. an artist who was a painter only and designed no prints.

Those paintings having merely the signature of Kwaigetsudô may probably be the works of a pupil of Ando, who also called himself Kwaigetsudô It is clear that Miyagawa Chôshun also come under the influence of Kwaigetsudô, who was a contemporary of Torii Kiyonobu and a senior to Miyagawa Chôsun.

38. Kwaigetsudô Andô

A young man and a girl talking with each other. A very charming painting on silk The colouring is delicate and the lines are drawn with firmness and freedom. This is a good example of Kwaigetsudo's best period. This is the first male figure to be seen in his works. Date about 1700.

39. Kwaigetsudô Andô.

A girl in night robe by mosquito-net. A charming painting on paper. This is a very strange design for Kwaigetsudo for his figures are generally standing. Date about 1710.

SUIWO (about 1680).

Suiwô's birthplace is uncertain. Some think that he is a second son of a certain baron in the Province de Suwô, who studied the art from one Kanô. Others think that Suiwô is a brushname of Ogawa Haritsu when yonng. We agree with the latter view.

40. Suiwô.

A scene described in the old Japanese novel « Isemonogatari ». A delicate painting on paper. Though unsigned there can be no doubt that this was painted by Sui-wo, who was a pupil of Kano at first, and one of the later Ukiyoe painters. Date about 1710.

HANABUSA IPPO (about 1745).

Ippô is oftentimes thought of as another nom de plume of Itchô. But there exists a great difference of style between one and the other. And I think Ippô is a pupil of Itchô.

41. Hanabusa Ippô.

A charming painting on paper of a girl speaking with her attendant. His works are very rare. The colour of the robes make a brilliant contrast. Date about 1745.

KANO SHIGENOBU (about 1725).

His original family name is Ogata. He was born in Utsunomiya near Nikkô, and lived about in the era of Kyôhô. He studied under Kanô Eishin and was granted the name of his master. He later served Hosokawa, Lord of Kumamoto.

42. Kanô Shigenobu.

A charming painting on silk of a girl in night robes, reading a book, by a mosquito net. In this instance, a very exceptional case, the artist signed his name in full on the painting, for as Ukiyo-e was greatly despised by the Kanô school in those days he almost invariably witheld his name. The colours are warm and the lines are bold and free. Date about 1725.

ISHIKAWA TOYONOBU (1711-1785).

Ishikawa Toyonobu, first called Nishimura Shigeyasu, was a pupil of Nishimura Shigenaga and a contemporary of Okumura Masanobu and Kondô Kiyonaga.

43. Ishikawa Toyonobu.

A tall girl holding a fire-fly cage. A very charming painting on paper. Splendid composition in a tall narrow panel. The brush paintings of this artist are very scarce in Japan. Possibly this may be the only on ine existence, which has a signature. The style of drawing is most vigorous, and the head and hair of the girl is strikingly rendered.

44. Ishikawa Toyonobou.

A painting on paper of a girl in a bath-robe. She is drawing her robe aside so that her legs are shown. This is a charming semi-nude study.

SUZUKI HARUNOBU (1718-1770).

Under the hand of Suzuki Harunobu the art of the Japanese colour printer was brought to perfection. It was he who first used an unrestricted colour scheme, and tinted the whole of his composition to the edges of the paper. He was a draughtsman of extraordinary sweetness and elegance, and a colourist of the very first order. He was a pupil of Nishimura Shigenaga, and some of his very early work much resembles that of the o der man ; but his matured style is unmistakeable.

45. Suzuki Harunobu.

One of a set.

A pretty girl listening on a summer's 'eve to the song of a cuckoo. A very nice painting on silk. While everyone knows the charming prints of Harunobu, few people in Europe have had the opportunity to study his original brush work. The artist has attempted to render the sheens and folds of the under-garments of a summer costume.

46 Suzuki Harunobu.

Second of same set.

A young girl looking at a snowy garden on a winter's morning. This is a charming painting on silk, and makes a fine contrast to the summer evening which is placed next to it. We find here, as in the prints copied from this artist's work, complete simplicity — for Harunobu relied for his principal effects mainly upon contrasts and harmony.

ISODA KORYUSAI (about 1760).

Isoda Koryûsai was the most important pupil of Nishimura Shigenaga. In his earlier pictures, it is true, Koryusai followed his school-mate Harunobu very closely; but soon he found a manner of his own, particularly in respect of colour and line. Koryusai had a fine talent in composition, and was one of the few ukioye painters to obtain the title of Hokyoa distinction awarded to artists of eminence. His original paintings give evidence of early training in the Kano school.

47. Isoda Koryûsai.

A brilliant painting on silk of a young girl arranging flowers in a vase. This is a good specimen of Koryusai when he was studying with his friend Suzuki Harunobu ; and the style of the drawing of the head and hair resembles that of Harunobu. Date about 1760.

48. Isoda Koryûsai.

A charming design on silk of a girl and an attendant, in moonlight. In this brilliant work Koryusai begins to launch out into fuller expression both in drawing and colour, more in the style of his friend Harunobu. The figures become more solid and real. This is a fine specimen of his transition period. Date about 1770.

49. Isoda Koryûsai.

Two hares on waves. A light coloured sketch on paper. A fine specimen of work in the later manner of this artist. Date about 1775.

IPPITSU AI BUNCHO (about 1770).

Of all the followers of Shunsho who worked chiefly in the production of prints of actors, Ippitsusai Buncho had altogether the greatest originality and the most charming distinction of style. He has often been classed as a pupil of Shunsho, but as a fact he learned the elements of his art from an otherwise unknown painter named Ishikawa Yukimoto, though all that he derives from his predecessors would seem to come from

Shunsho. His original paintings are very scarce in Japan.

50. Ippitsusai Buncho.

A famous beautv, et at a tea-house called Kagiya. A very chaming painting on paper. The contrasted soft colours of the rose make a most beautiful harmony with the cedar tree and red torii (shrine gate). The brush painting of this artist is very rare indeed. This is the only example we have seen. Date about 1769.

SAITO SHARAKU (about 1799).

Toshiusai Sharaku was the painting name of Saito Jurobei, who was by profession a performer of No — the stately performance which is neither dance or opera, though we have no nearer word for it — in the service of Hachisuka, Lord of Awa. As a painter, he took to drawing portraits of the actors of the time in character, and about 1790 he produced a certain amount of work — not much — of striking originality and much power. His prints do not commend themselves to those who look for nothing but prettiness in a work of art, and he was what we should now call a « realist », drawing the grimacing faces of his subjects as he saw them on the stage, without favour or regard to anything but truth and intensity of effect. His prints were issued only during a very short period, and are therefore scarce. They are much sought by collectors, who prize works showing character, particularly in France. His paintings, nay even his prints, are very scarce.

51. Saitô Sharaku.

A delicate painting on paper of a famous bust of a figure of an actor. Specimens of this artist's work are very rare because he worked for a few years only and then retired. Date about 1790.

KITAO SHIGEMASA (1739-1819).

Kitao Shigemasa is said to have attained his skilful mastering of brush merely by studying without a master. Some hold him as a pupil of Shigenaga owing perhaps to the fact that his name has an initial character reading *Shige* in common with Shigenagas. He first studied the Torii School and then formulated a style peculiarly his own. He illustrated many important books in colour, and collaborated with Shunsho in the production of the famous *Seiro Bijin Awase Kagami*, a splendid book of pictures of many groups of women.

52. Kitao Shigemasa.

Two girls playing with a cat. Very charming painting on silk. This is certainly one of the most important and rarest paintings done in Japan. The lines are full of vigour and suggestive of motion, the colouring is light and sunny and the patterns upon the robes of the girls give a brilliant kaleidoscopic effect, yet the colours all harmonize with each other. Date about 1805.

KATSUKAWA SHUNSHO (1726-1792).

Katsukawa Shunshô was a pupil of Katsukawa Shunsui, a descendant in art from Miyagawa Choshun. Early in his career he turned his attention to drawings of actors, and in that department founded a school of great distinction. At first greatly influenced by Shigemasa, especially in the matter of colour and line, he soon developed a style of his own, aiming at extreme softness and transparency of tint. In painting beautiful women he surpasses Utamaro in refinement of figure, while Utamaro's beauties are simply charming. Most admirable is it that no trace of negligence can be found even in his paintings of beauties finished in his old age'. The world-renowned Hokusai studied in his studio.

53. Katsukawa Shunsho.

A famous beauty in dancing costume. Light coulouredsketch on paper. This shows Shunsho's power with the brush; such specimens are rare. Date about 1776.

54. Katsukawa Shunsho.

A young girl in black over-dress. A very lovely painting on silk. The patterns on the black over-dress and her robes are beautifully drawn and painted. The contrast between the red and black of the costume is most strikingly fine. Date about 1770.

KATSUKAWA SHUNKO (about 1810).

Katsukawa Shunkô is generally classed as Shunsho's chief pupil. He was certainly the strongest of those that closely followed their master's style, and it is often difficult to distinguish the work of the two men, except line of Shunkô which is softer than Shunshô. The greatest of the artists who first learnt in Shunsho's school was, of course, Hokusai, but he soon abandoned Shunsho's teaching, and ranks as an independent artist. Shunkô's best work was done in the last decade of the eighteenth century.

55. Katsukawa Shunkô.

A Yedo belle walking beneath a cherry tree. A very rare and brilliant painting on silk. The manner of drawing the head and hair resemble that of his teacher Shunsho; but in this delineation Shunko excels his teacher. Date about 1818.

KATSUKAWA SHUNYEI (1762-1819).

Katsukawa Shunyei was one of Shunsho's best and most active followers, and he continued painting well into the nineteenth century.

Shunyei's name peals widely. He became so prominent as to be ranked above Utamaro and Shunsho, his master. The famous Toyokuni followed him in many respects. His prints once prevailed over the whole country. Kitao Shigemasa spoke highly of his art, saying thai his prints of *Yedo-e* are peerless. There were as many as twenty-five celebrated master-hands in his studio.

56. Katsukawa Shunyei.

A girl leaning against a pillar. A good painting on silk. This artist was also a pupil of Katsukawa Shunsho. His work is very rare in Japan. Finely composed and lightly coloured picture. The suppressed agony of the maiden is fully depicted. Date about 1805.

KATSUKAWA SHUNKO (about 1810).

Although his name sounds same as another Shunkô, he is quite a different person. His works are rarely left to us.

57. Katsukawa Shunko.

A Youth listening to a girl playing a Koto. Very beautifully painted on silk. The artist was a pupil of Katsukawa Shunyei. The design is very brilliant. Date about 1910.

KATSUKAWA SHUNTEI (1770-1820).

Katsukawa Shuntei was a prominent pupil of Shunyei. He began his art following after the pure Katsukawa style, but modified his style after Utagawa Toyokuni. His signatures likewise are of two kinds, i. e., that of the former period and that of the latter.

58. Katsukawa Shuntei.

A tall girl in black robe. An admirable painting on paper. There is a rare range of colours here from dark ochre-red through soft olive greens to black. This is a very striking specimen of his Utagawa style. Date about 1815.

SHIBA KOKAN (1747-1818).

Shiba Kôkan, whose real name was Andô Kichijirô, was born in the Province of Kii. He studied first from Kanô Koshin and then from Sô Shiseki. He gave himself up to the study of the European painting under a Dutch master in Nagasaki, and became the founder of the Western School. He confesses in his « Kokwaiki » (« Confession ») that he made many imitations of Harunobu.

59. Shiba Kôkan.

Waterfall from a cliff. A very nice painting on silk. This famous artist is said to have learned the European style of painting from the Dutch at Nagasaki. He produced work in various styles. Date about 1795.

KITAGAWA UTAMARO (1754-1806).

Kitagawa Utamaro was the Son and pupil of Toriyama Sekiyen, a painter originally of the Kanô school, who afterwards adopted certain features of *ukiyoe*. After Hokusai's, Utamaro's is probably the Japanese painter's name most familiar in Europe. Utamaro himself first painted in the Kanô style, and traces of his classic education are visible in his work from time to time throughout his career. Beginning to paint in the *ukiyoe* style under the influence of Kiyonaga, like all the young men of his time, he gradually evolved a manner of his own, which his beautifully drawn figures of women have made familiar to amateurs of art the world over. He died in 1806, leaving a few pupils of smaller abilities.

60. Kitagawa Utamaro.

A very charming painting on silk of three young belles in brilliant costumes. A young lady below is writing a letter while her friends are whispering to one another. The colours are very rich, the composition good, and the picture remarkably well preserved. Date about 1790.

61. Kitagawa Utamaro.

A girl holding lantern, leading another beautiful girl to a pleasure boat. Very good painting on paper. This is one of the most delicate and charming of all Utamaro's, designs, the contrasted soft yellow and black of the robe making a most beautiful harmony with the ochre-red crossing stripes and dark gray of the prow of the boat. Date about 1803.

UTAMARO THE SECOND (about 1820).

Utamaro the Second, whose real name was Kitagawa Tetsugorô, used first the brush apellation of Koishikawa Harumachi the Second. After the death of Utamaro the First, he married his widow and adopted his name. Although it is somewhat hard to discriminate the two Utamaro's prints, there is no difficulty in doing so by their original paintings.

62. Utamaro the Second.

A semi-nude girl. Painted on silk. The plum bloom was sketched by the artist on the mount. This is very important specimen of Utamaro the second. Date about 1810.

KITAGAWA TSUKIMARO (about 1820).

Kitigawa Tsukimaro, first called Kikumaro,

was prominent among the pupils of Utamaro. His style became less dignified later, as he began to imitate the Katsushika style.

63. Kitagawa Tsukimaro.

A girl in holiday costume. A brilliant painting on silk. This artist was a pupil of Kitagawa Utamaro and his first name was Kikumaro. Date about 1800.

HOSHU FUJIMARO (about 1820).

He was a pupil of Utamaro, then of Hokusai who still signed himself Sori.

64. Hoshu Fujimaro.

A country girl standing near a bull. A charming painting on paper. His other name was Shikasai. This is a fine specimen showing the influence of Sori's style. Date abot 1895.

KIKUGAWA EIZAN (about 1820).

Kikugawa Eizan studied after Hokusai, and was a friend of Toyo kuni the First. After the death of Utamaro, when there was no artist living specially famous for painting beautiful women, he won his reputation by filling the vacancy.

65. Kikugawa Eizan.

A tall beauty standing alone. A nice painting on paper. This represents his earlier manner of drawing. Date about 1810.

66. Kikugawa Eizan.

A young belle in summer costume. A beautiful painting on silk. This represents his later period, for the signature is in small characters. and the type of face is quite different from those found in the pictures painted in his earlier style. Date about 1825.

TSUKIOKA SETTEI (1759-1835).

Tsukioka Settei, whose real name was Kida Masanobu, was a pupil of Takata Keisuke, and started a novel style by investigating both Japanese and Chinese methods.

67. Tsukioka Settei.

Group of people searching after a couple. A strange design on silk. Date about 1820.

68. Tsukioka Settei

A young girl holding up a puppet. A good painting on paper. This is a specimen of his earlier style. Date about 1810.

HASEGAWA SETTAN (about 1810).

Hasegawa Settan, or Gotô Moemon, had brush-names of Ichiyôsai and Gangakutei. He is the author of the « Yedo Meisho Zue » (« Sights of Yedo, with Illustrations »).

69. Hasegawa Settan.

Two deer on hill in moonlight. A rare design on paper. An Autumn scene under evening effect delicately drawn. Date about 1810.

HOSODA YEISHI (died 1829).

Hosoda Yeishi was a great grandson of Hosoda Tanba-no-Kami, Lord ot Treasury to the Shogunate. and at first a pupil in the Kanô School under Kanô Yeisenin Tenshin. He was attracted, however, by the freedom of the *Ukioye* school, and began to work in that manner. at first under the influence of Kiyonaga; from this he developed a very attractive style of his own, showing a great liking for tall figures, elegant lines, and sunny colour. Toward the end of his life — in other words during the later years of the eighteenth century and the earlier of the nineteenth — he abandoned the designing of prints and confined himself to painting.

70. Hosoda Yeishi.

A tall girl is seen standing near a Koto. A lovely picture painted upon silk. Her hair is charmingly done in the loose style of the time. The colouring is soft and the yellows and purples are beautifully harmonized. This is in Yeishi's highest and best style. Date about 1785.

SEIGETSUSAI YEISETSU (about 1810).

Yeisetsu was a pupil of Yeishi. His life is unknown.

71. Seigetsusai Yeisetsu.

A girl in an elaborate holiday costume. A very brilliant painting on silk This painting so closely resembles the style of Yeisetsu's teacher — Hoda Yeishi-that if it were not for the signature, we should have been inclined to ascribe this to Yeishi himself at this date. Date about 1785.

UTAGAWA TOYOHARU (1735-1814).

Utagawa Toyoharu or Masaki is the founder ot the Utagawa family. Some wrongly opine that Masaki is the name of Toyoharûs father, which error comes from the fact that there is Toyoharu junior his son. He first came to Kyôto and studied the style of the Kano School under Tsuruzawa Tangei. Then he moved to Yedo and entered Ishikawa Toyonobu's atelier. He was an adept in the prospective picture. The colouring of which has an exquisite charm and a decided grace. Toyohiro and Toyokuni were eminent among his followers.

72. Utagawa Toyoharu.

A girl in a black robe, under a cherry tree. A rare painting on paper. This is earliest work of Toyoharu. Date about 1765.

73. Utagawa Toyoharu.

Three girls performing a dance. A very brilliant painting on silk. The colouring is rich and the composition is striking. The picture is in perfect preservation. Date about 1785.

74. Utagawa Toyoharu.

Five ladies walking together under a cherry branch. A splendid large painting on silk. An excellent portrait of a Yedo belle, with four attendants in most elaborate holiday street costume; rich in tone and perfectly preserved, as fresh as though it were painted yesterday. Date about 1800.

UTAGAWA TOYOKUNI (1769-1825).

Utagawa Toyokuni was born at Yedo in the year 1769, the son of a sculptor in wood, and his master *ukioye* art was Utagawa Toyoharu, himself a pupil of Ishikawa Toyonobu. Toyokuni's manner went through several changes, but he was always an artist of high ability, though he coarsened toward the end, like all the men of that time, doubtless in obedience to popular demand.

75. Utagawa Toyokuni.

A famous beauty praying for rain. A picture in black and white on silk. This is one of the earliest works by Toyokuni, and the head of the girl resembles the work of his teacher Toyoharu. A rare and interesting specimen in his younger manner. Date about 1800.

76. Utagawa Toyokuni.

A young belle with two attendants. A beautiful painting on silk. This is a specimen of his work executed when he was of middle age. Date about 1805.

77. Utagawa Toyokuni.

A. girl holding a thin over-coat, under a cherry tree. A good painting on silk Date about 1817.

78. Utagawa Toyokuni.

A girl awakened by a noisy cat. A large painting on paper. The lines of the loose robe and overdress are vigorously rendered, and the cat is finely drawn. Date about 1815.

79. Utagawa Toyokuni.

A lady reading a letter. Very charming painting on silk. The composition is good and the black colour is strong. Date about 1820.

UTAGAWA TOYOHIRO (1773-1828).

Utagawa Toyohiro was one of the most prominent pupils of Toyoharu, and a compeer of Toyokuni. Judging by their drawings and especially by their original paintings we can safely say that the former far surpasses the latter in dexterity. The fact that prints were in vogue, according to the taste of the time, was the sole reason why Toyokuni had such a great fame.

80. Utagawa Toyohiro.

Seven beauties reading different parts of a long letter. A striking design on silk. This subject is a parody upon the classic Chinese subject of the saven sages of the bamboo forest. The young girls take the place of the old men. The style of drawing and the heads of the girls resembles the work of Toyoharu, who was Toyohiro's teacher. Date about 1802.

81. Utagawa Toyohiro.

A young girl at a tea-ceremony. Large painting on silk. The perspective treatment of the distant landscape is very fine. Date about 1815.

82. Utagawa Toyohiro.

A beauty listening to a cuckoo. Very charming painting on paper. This design gives us a vivid impression of a summer evening. Date about 1820.

UTAGAWA KUNISADA (1786-1864).

Utagawa Kunisada, who also used the names Gototei, Kosoen and Kochoro, was the best known and most prolific pupil of Toyokuni, whose name he adopted in 1844, calling himself the second Toyokuni, or Toyokuni simply, although the third of the line to bear that name. As a rule, his earlier work, signed Kunisada, is by far the best.

83. Utagawa Kunisada.

A pleasure boat passing under a Yedo bridge on a summer eve. A charming painting on silk. The design is good and the colours harmonious. Date about 1840.

84. Utagawa Kunisada.

Small girl mischievously inking the face of a sleeping girl. A very strange design on silk. This is the finest period of Kunisada. The colours are rich and the composition is agreeable. Date about 1835.

85. Utagawa Kunisada.

Two girls listening to a cuckoo. A good painting on silk This is a specimen of his earlier work The cuckoo is painted by Ei-ikkei. Date about 1822.

UTAGAWA SADAHIDE (about 1840).

Utagawa Sadahide, a prominent pupil of Kunisada, paid early attention to Western paintings, and was an expert in drawing maps. There existed no other pupil of Kunisada who made so many illustrations for fictions as he did.

86 Utagawa Sadahide.

Two girls walking under cherry trees in blossom on the bank of the Sumida river. Good painting on silk. Sadahide was the fellow pupil with Kunisada of Toyokuni. Date about 1840.

KATSUSHIKA HOKUSAI (1760-1849).

Katsushika Hokusai was born in 1760, and at the beginning of his career he was a pupil of Shunsho, though only for a short period. His name is more familiar in Europe than that of any other Japanese painter, and volumes have been devoted to him and his work It is impossible, in the space at disposal, to follow him through all his developments of style and changes of name, but it may be said that he was certainly the most versatile of all the *ukioye* masters, and an astonishing draughtsman in every department of his craft. In landscape he invented a convention wholly his own, adapted to the process of colour printing a a convention of great boldness and success. He died in 1849.

87. Katsushika Hokusai.

A female wood cutter dreaming of the coming Springhorse day. Very charming painting on paper. Though unsigned there can be no doubt that this was painted by Hokusai. The girl is dreaming of the pleasure of the Spring-horse festival and of going on the merry-go-round in every street in the town with her intimate friends. This work shows the ambition of Hokusai, to have attempted such a subject during his early period. It would seem to be a work of the Sori period. Date about 1795.

88. Katsushika Hokusai.

A Chinese Warrior. A pleasing painting on paper. This is a good specimen of a warrior by the artist. A part of the signature has been erased. Date about 1807.

89. Katsushika Hokusai

A group of court ladies. A picture in black and white on paper. The drawing of the heads and faces is most characteristic, and the shading of the hair is perfect. The patterns upon every portion of the several garments are drawn with wonderful accuracy. This is one of the finest examples of Hokusai. Date about 1810.

90. Katsushika Hokusai.

Two lobsters. Sketch on paper. This is of small size, in light coloured painting. It shows the vigour of his style and the sweep of his brush. Date about 1812.

91. Katsushika Hokusai.

A young girl in the snow. A very charming painting on silk. She is holding up a black umbrella and, wrapped in a winter cloak, is walking along a snowy road. The contrasted velvety black of the neck band and the deep blue of the cloak make a most beautiful harmony with the red of her under-garments This effect is wonderful. This is one of the best specimens of Hokusai's style. Date about 1815.

92 Katsushika Hokusai.

A very nice painting on paper of a bonito and a pink. The delineation is quite exquisite. The sweeping of the fish is simply rendered. The contrast of deep blue and rose pink is exceedingly fine. Date about 1828.

KATSUSHIKA HOKUBA (about 1800).

There is no scarcity of genius among pupils of Hokusai. And Hokuba is, as no art-critic can deny, the brightest of the whole bright constellation. His exquisite colouring, which deservedly won his fame, is simply marvellous, as Tani Buncho made a high recommendation of it Though his style became lamentably degraded somewhat later by tinging of the Utagawa School, his early works are mostly worth admiration.

93 Katsushika Hokuba.

Three girls standing around a pottery A brillant painting on silk This is a parody upon the Chinese subject « Sansei kû su ». Date about 1830.

94. Katsushika Hokuba.

A Yedo belle in holiday costume, carrying a lantern. A nice painting on silk. Date about 1825.

95. Katsushika Hokuba.

A girl in holiday costume. A beautiful painting on silk. The artist was one of Hokusai's best pupils and this a good example of his early work. Date about 1815.

ANDO HIROSHIGE (1797-1858).

Andô Hiroshige, famous as a landscape painter, was first a pupil of Okajima Rinsai (a little known artist of the Kanô school) and afterwards attached himself to Toyohiro. His many landscape prints are well known in Europe. Towards the end of his life he worked in association with a pupil, who took his name after his master's death. This second Hiroshige, who was a very able man, though better as a painter than as a designer of colour prints, soon ceased to work, and his productions are fewer than those of his master. He was succeeded by a third Hiroshige, a wholly inferior artist, whose work. however, is commonly classed as that of the second Hiroshige.

96. Andô Hiroshige.

A Yedo belle walking under cherry trees. A beautiful painting on silk. This is a very strange design for Hiroshige, for his works are usually landscapes. Date about 1857.

97. Andô Hiroshige.

A fishing boat at Suzume-ura. A good painting on coarse silk This was probably a portion of the eight famous scenes of Kanazawa. Date about 1850

98. Andô Hiroshige.

A mountain road in Hakone. A good painting on coarse silk. The long lines of Hakone rapid are seen in the distance. Date about 1850.

99. Andô Hiroshige.

Mount Fuji from Hara stage. A good painting on silk. This is one of the famous series of fifty three stages of Tokaido. Date about 1855.

100. Andô Hiroshige.

A ferry beat on the Sumida river. A good painting on silk. This is taken from the old story called Narihira, and shows the sea-gulls made famous by the poem in the story. Date about 1845.

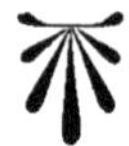

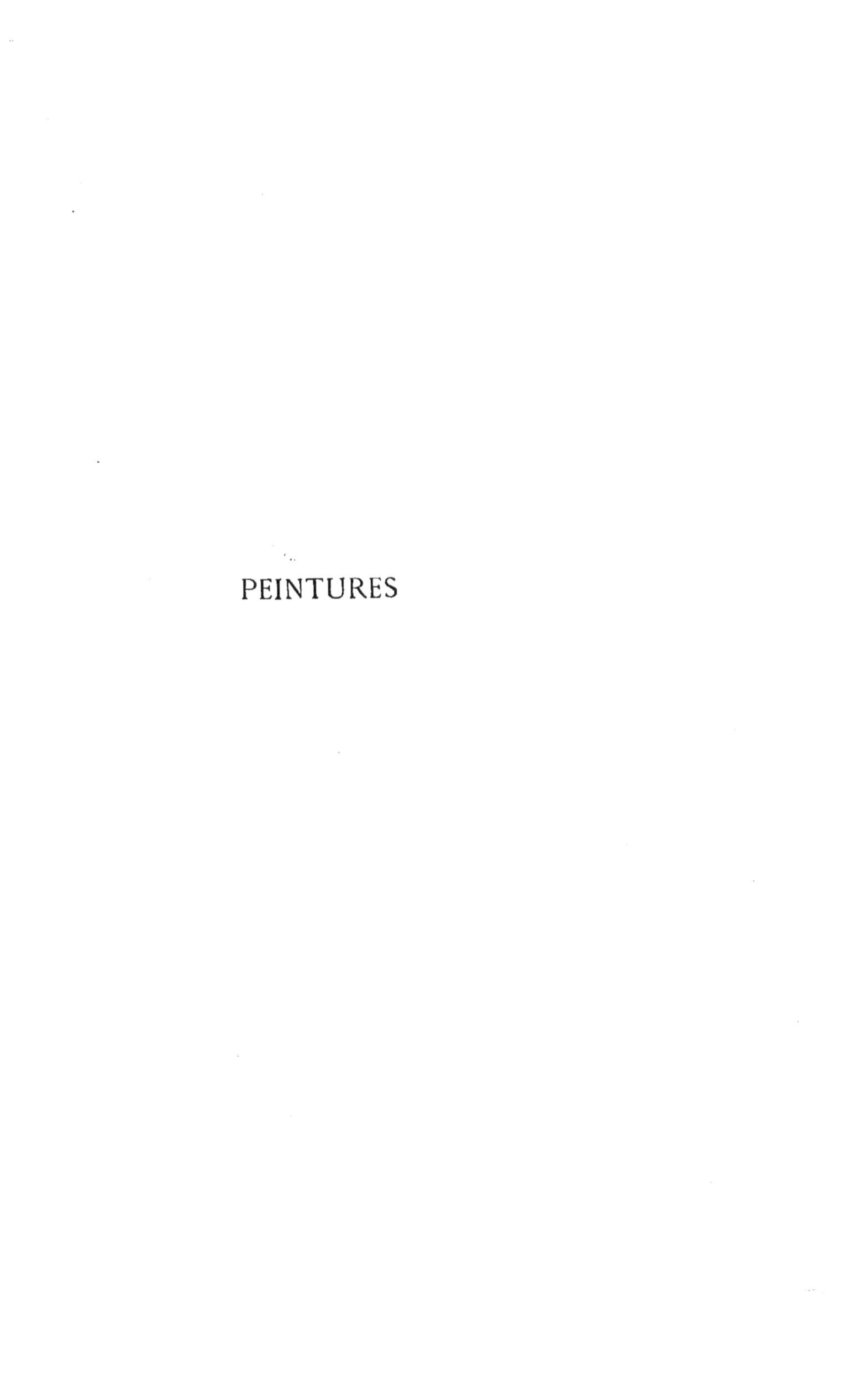

PEINTURES

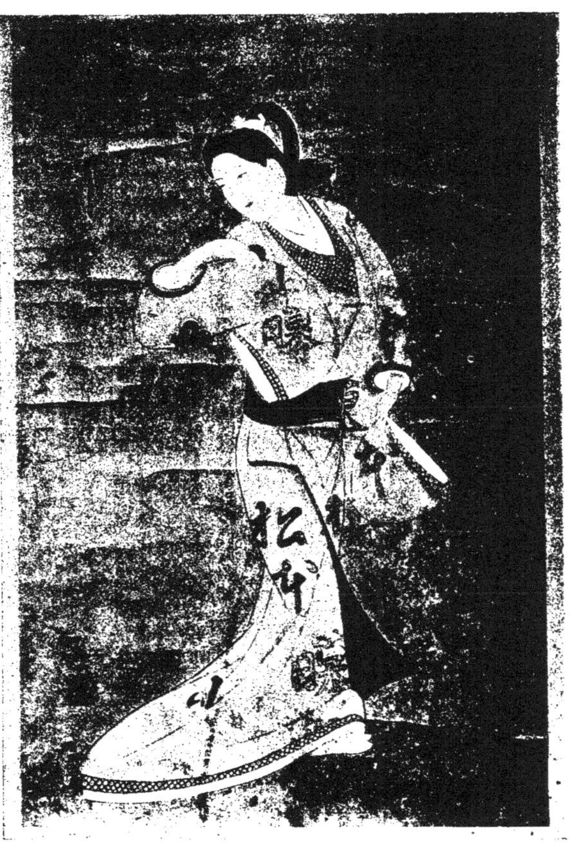

No 2

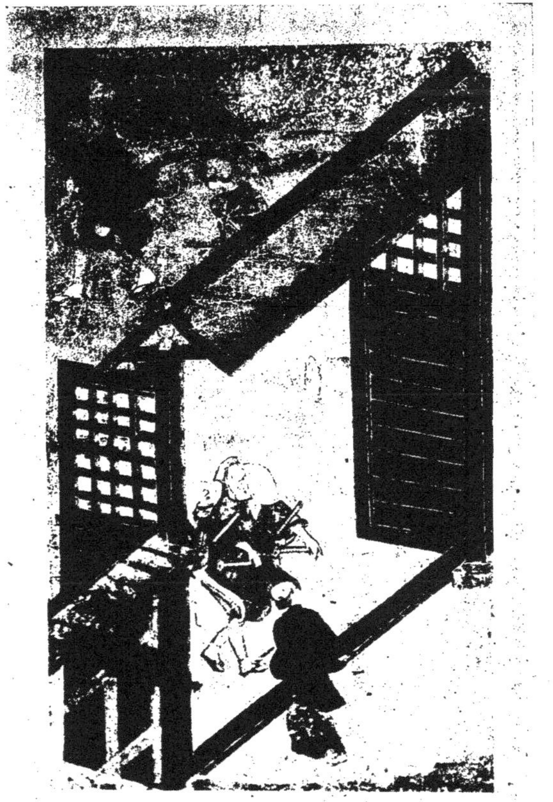

No [illegible]

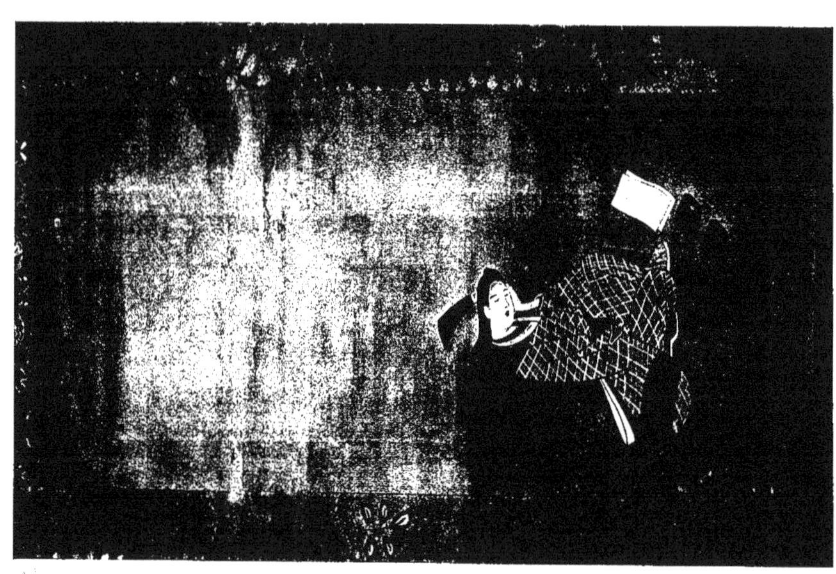

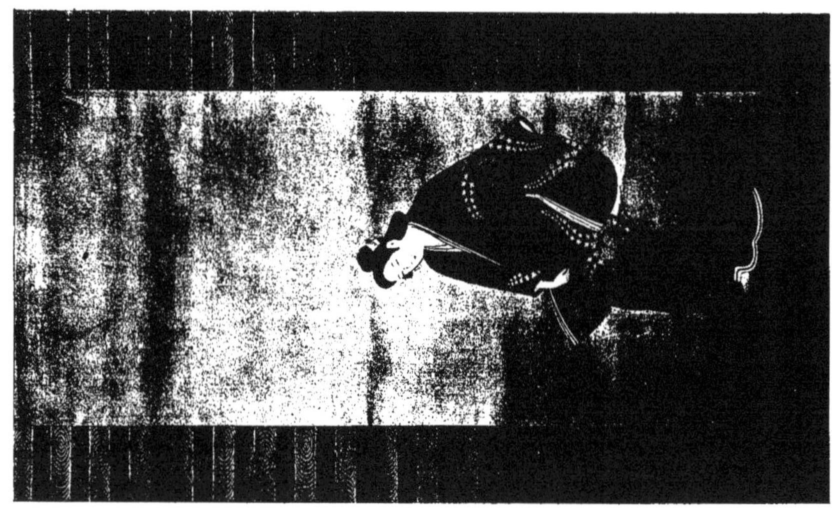

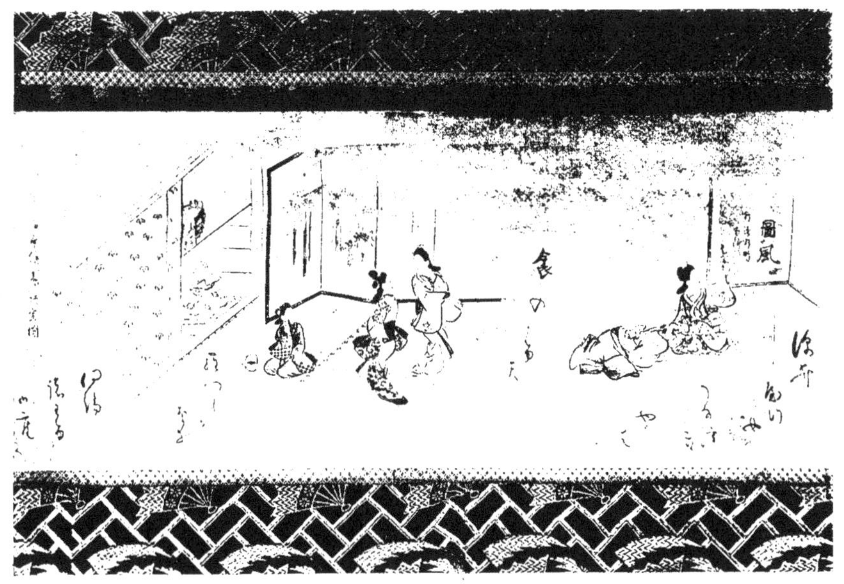

N° 6.

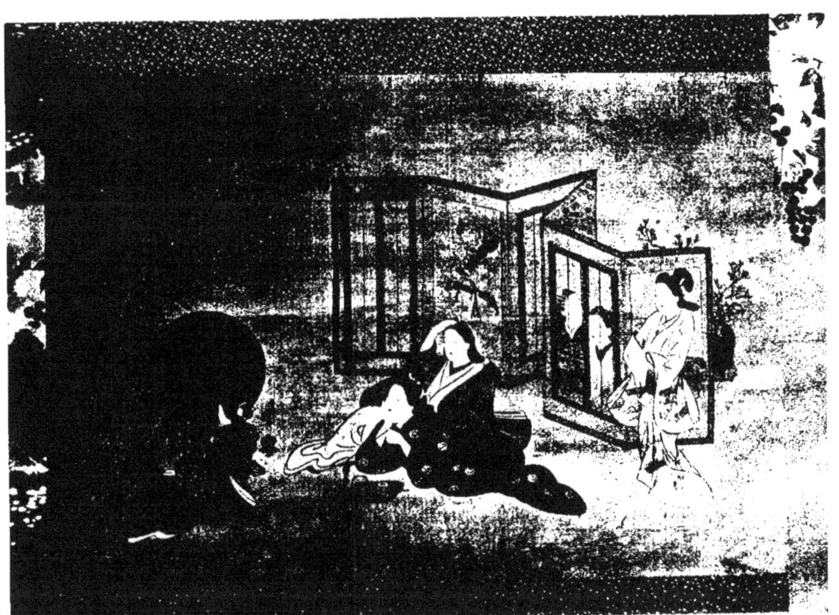

N° 5.

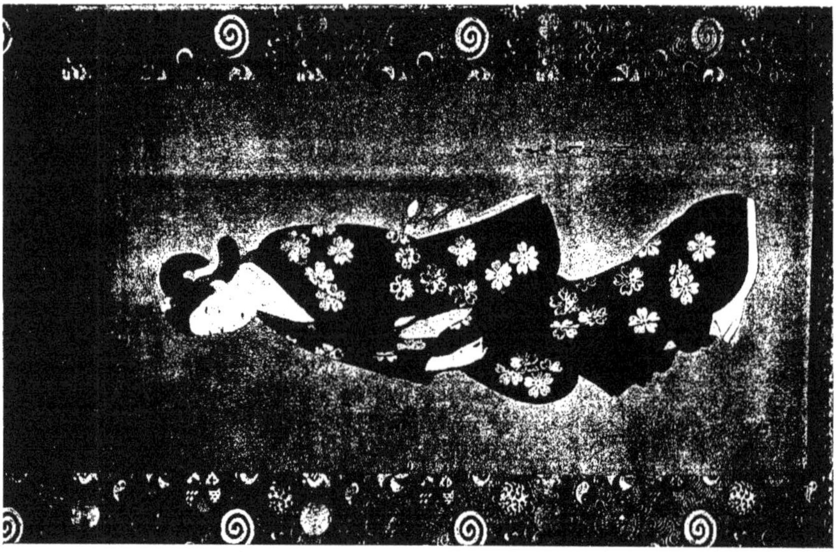

N° 7.

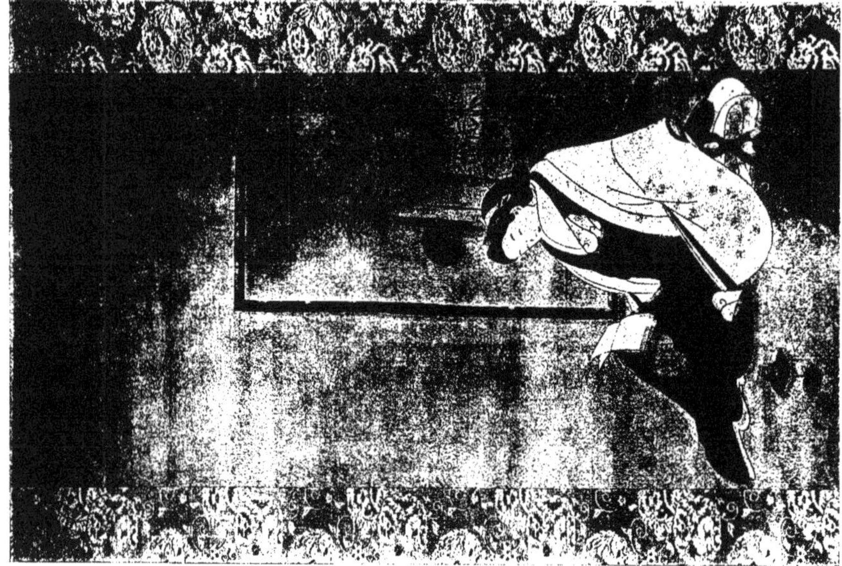

N° 8.

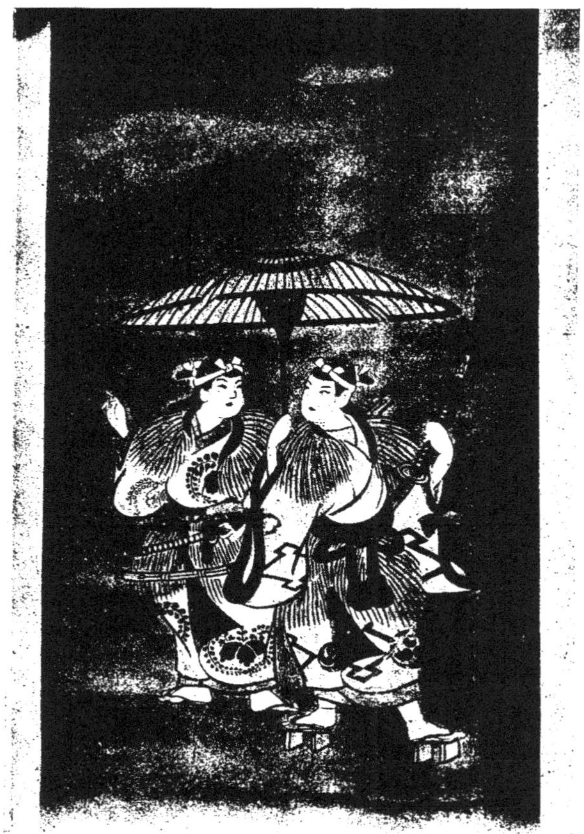

N° 10.

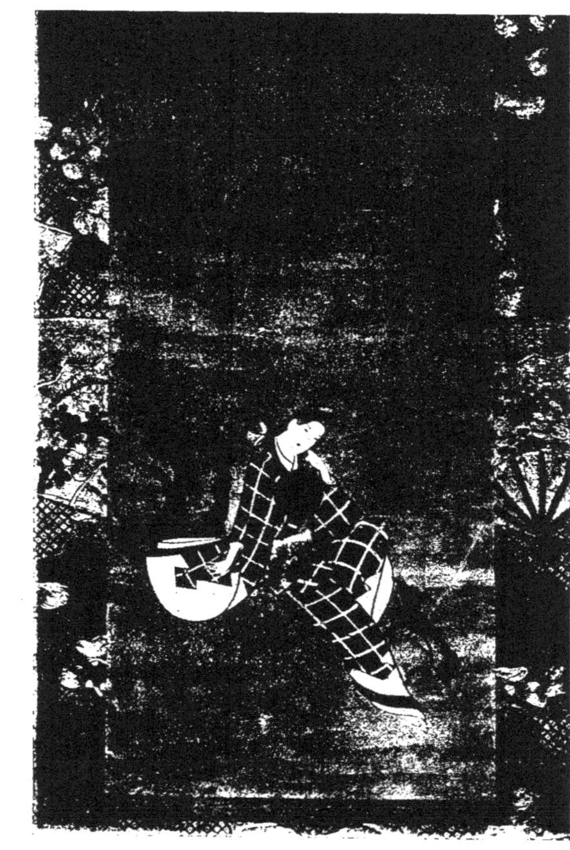

N° 9

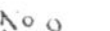

N° 11.

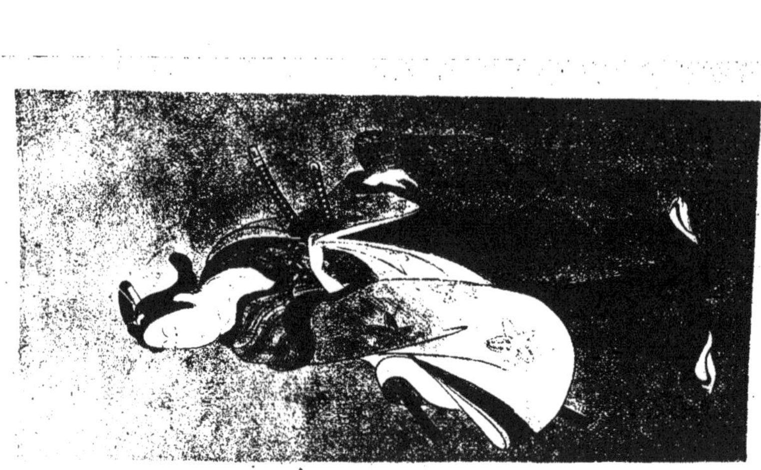

N° 12.

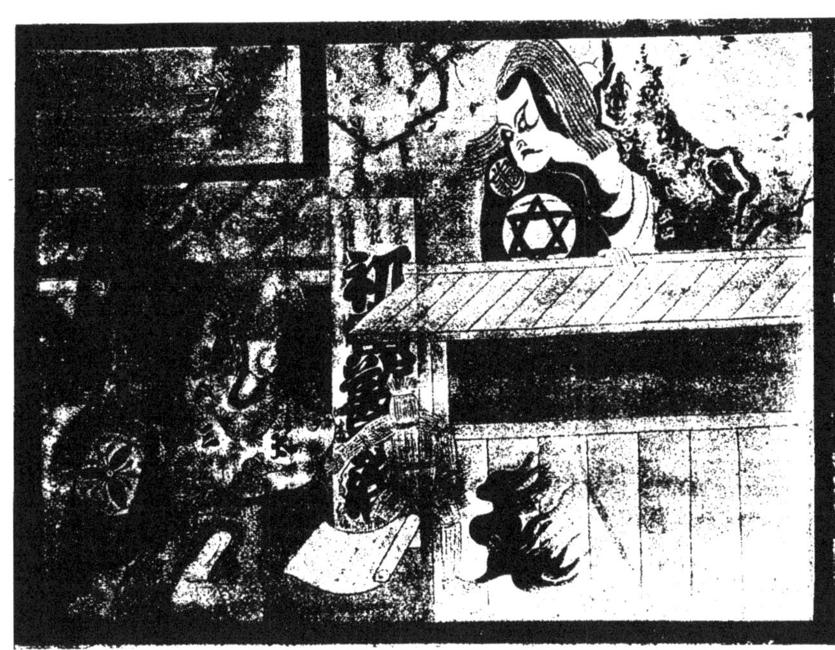

N° 13.

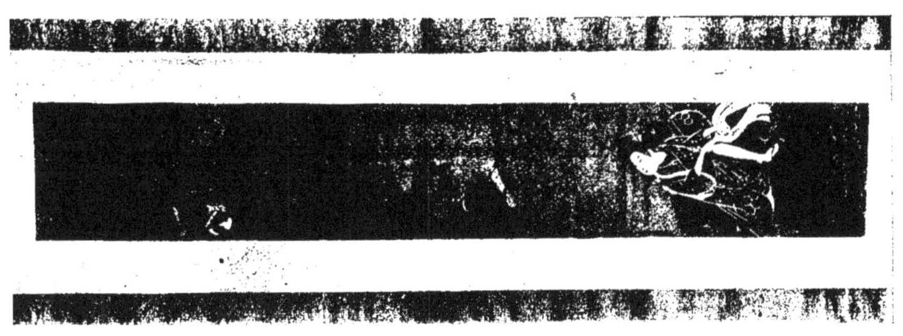

N° 14.

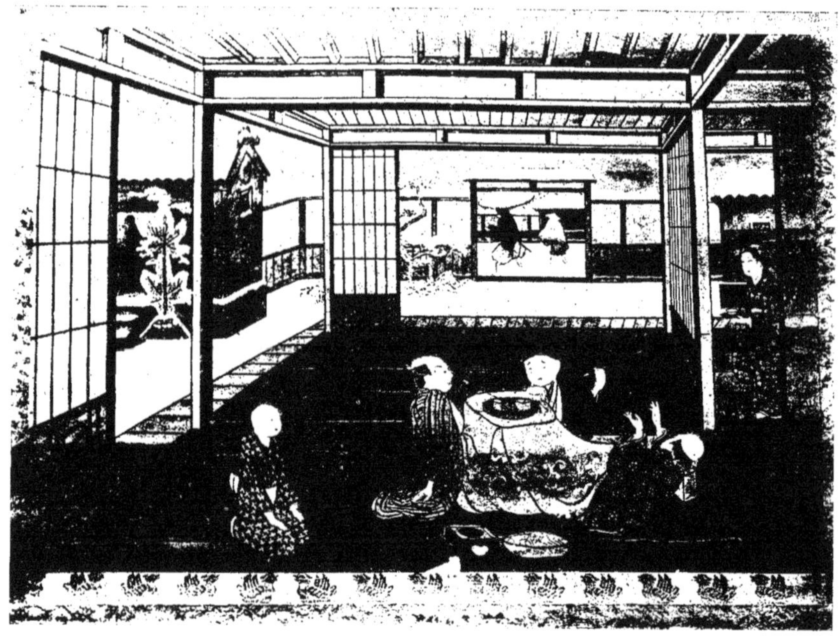

Nº 16

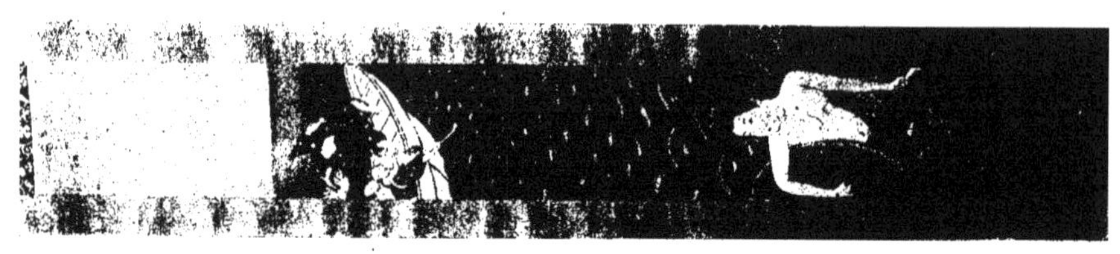

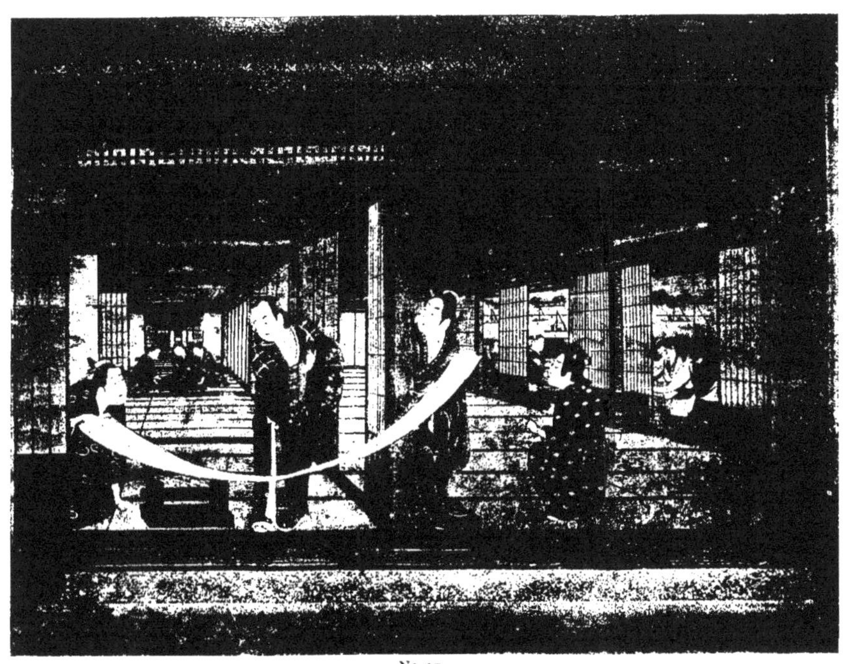

No 17.

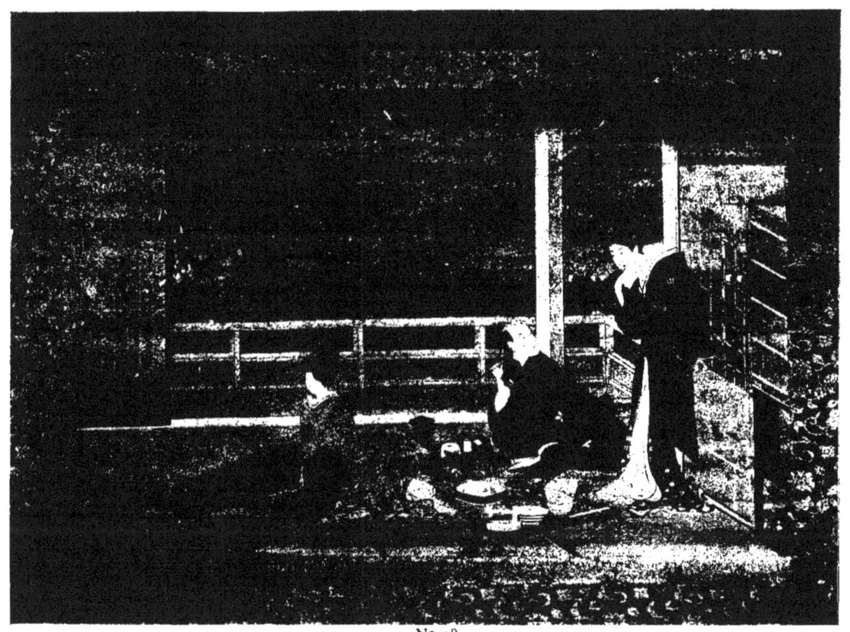

No 18.

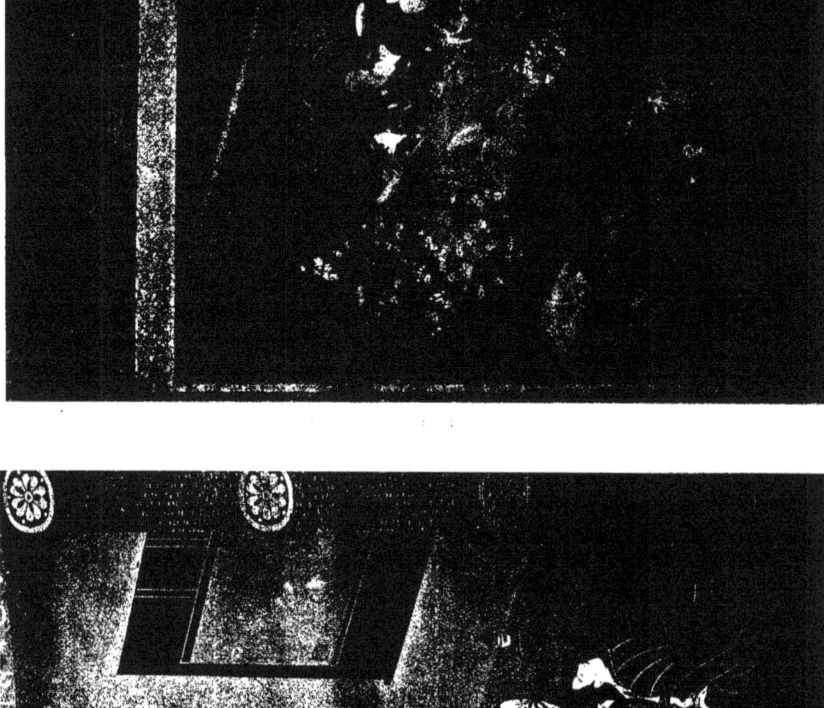

N° 19.

N° 20.

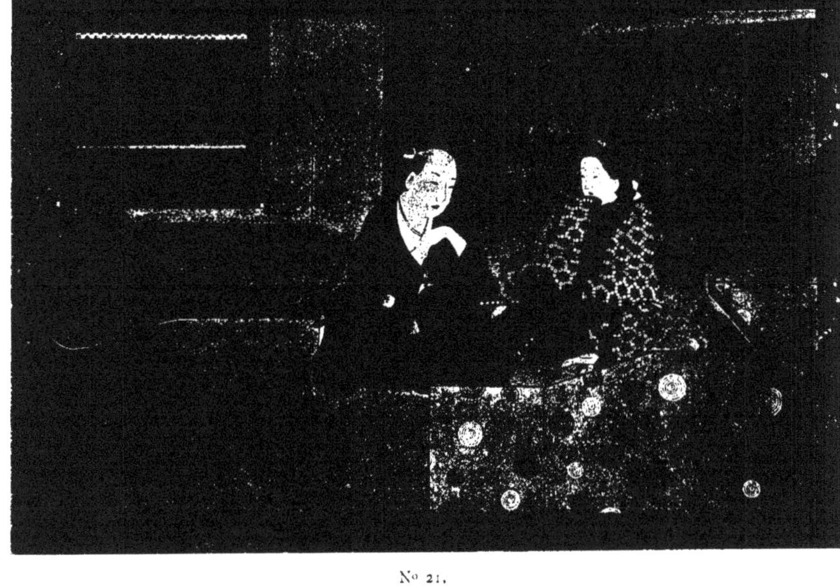

N° 21.

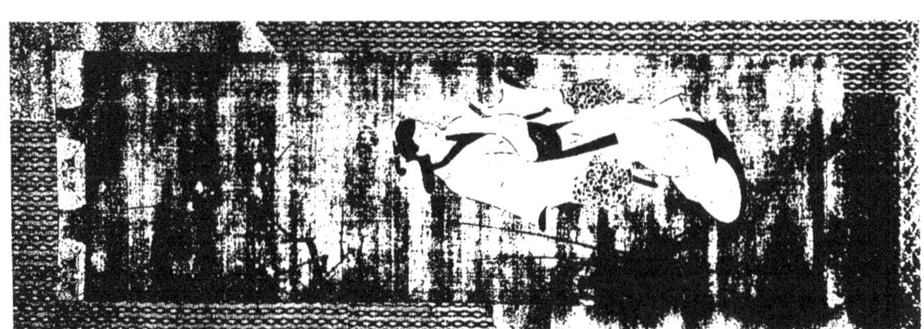

N° 22

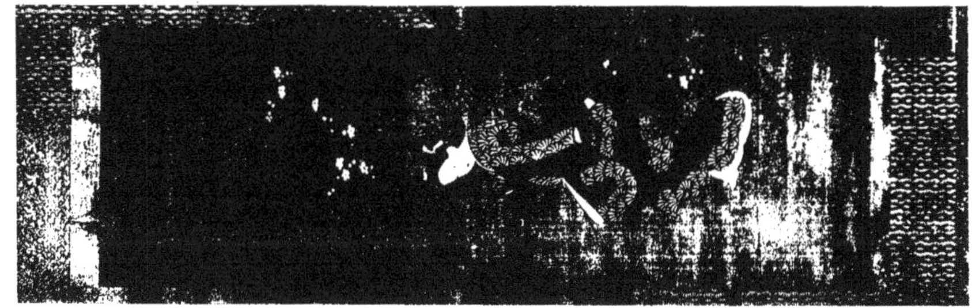

N° 23.

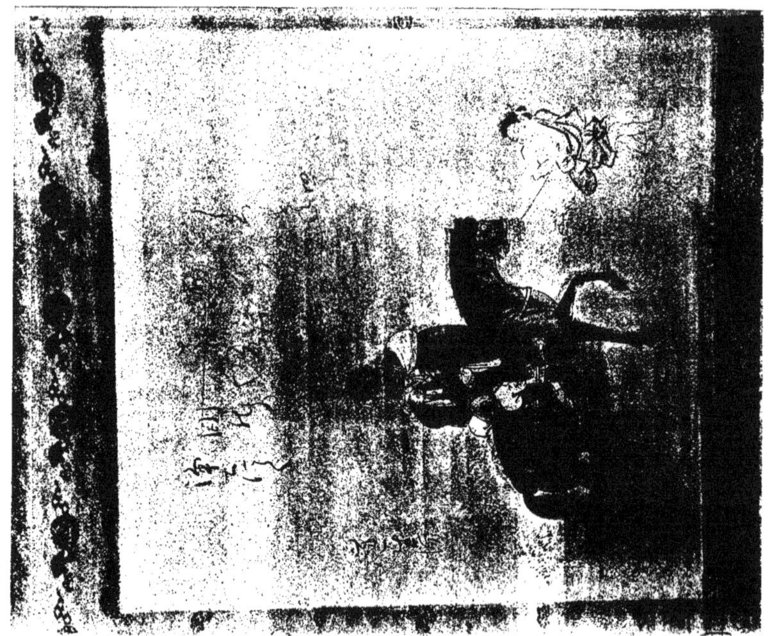

No 24

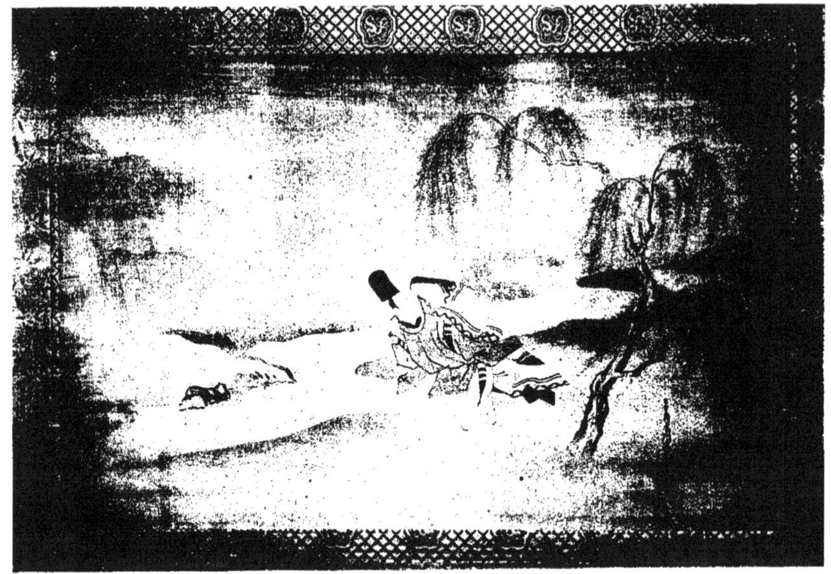

No 25.

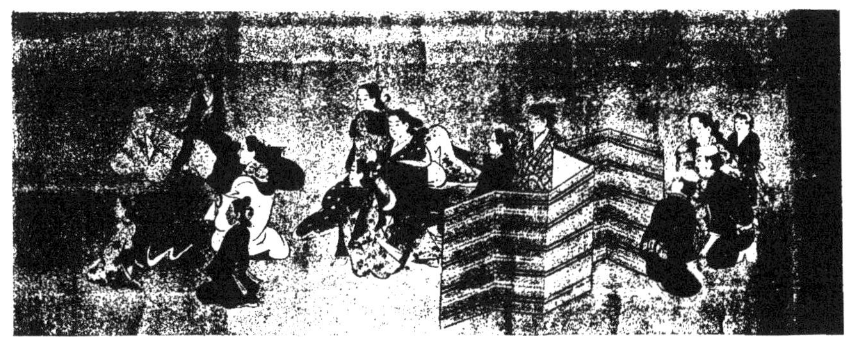

N° 26.

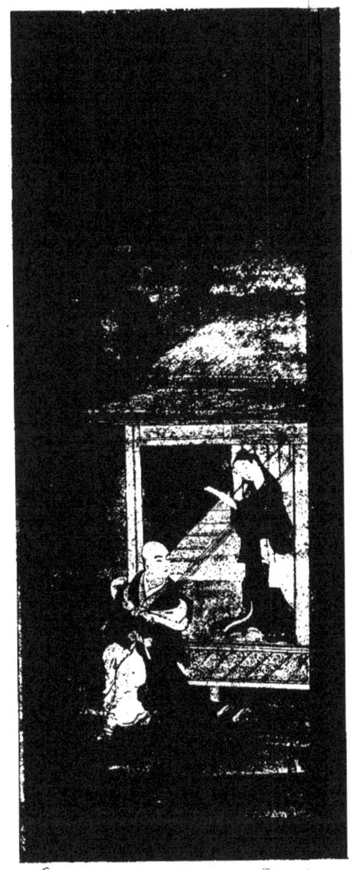

N° 27

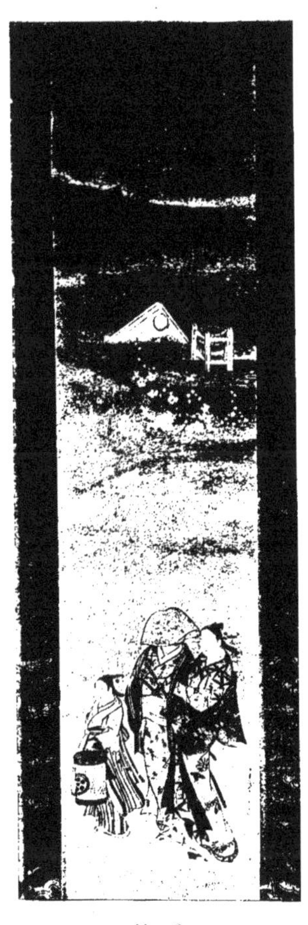

N° 28.

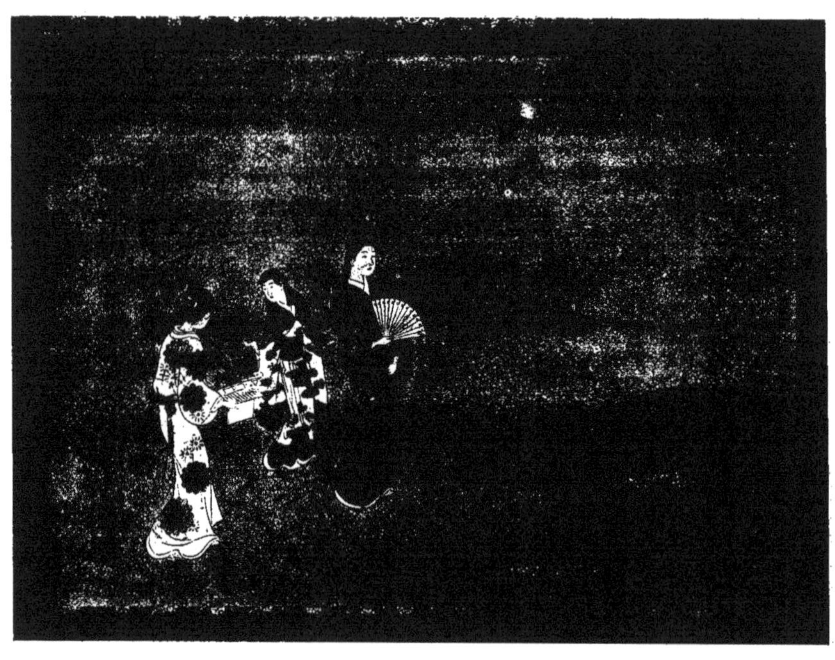

Nº 29.

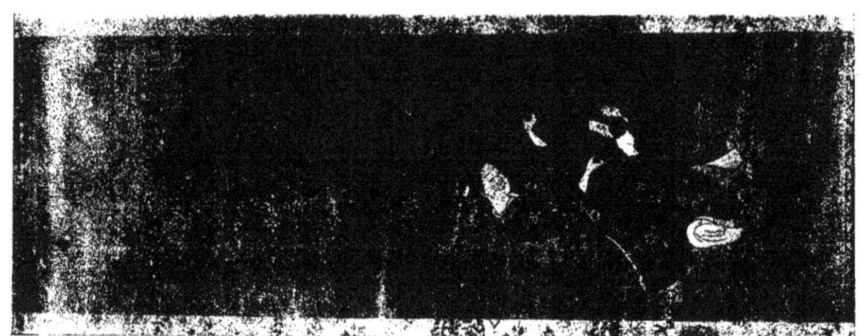

Nº 30.

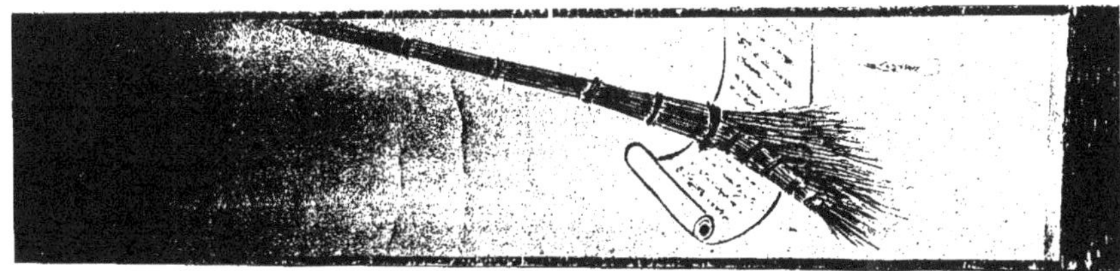

N° 31.

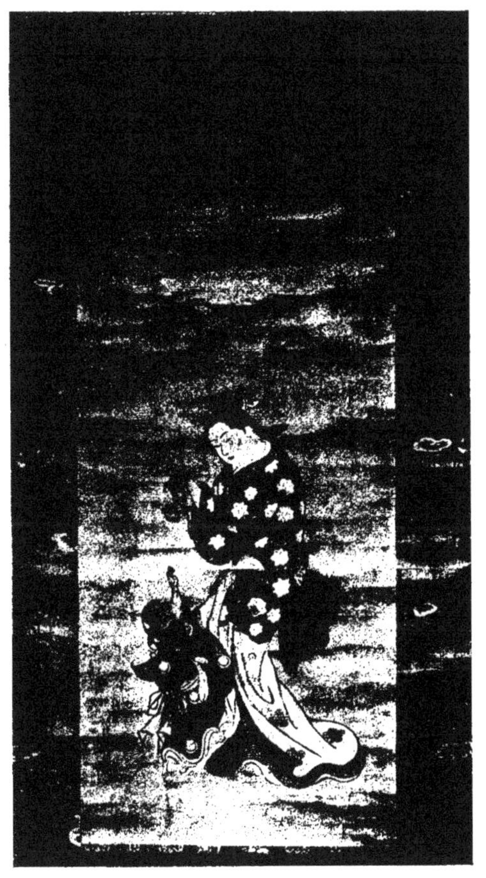

N° 32

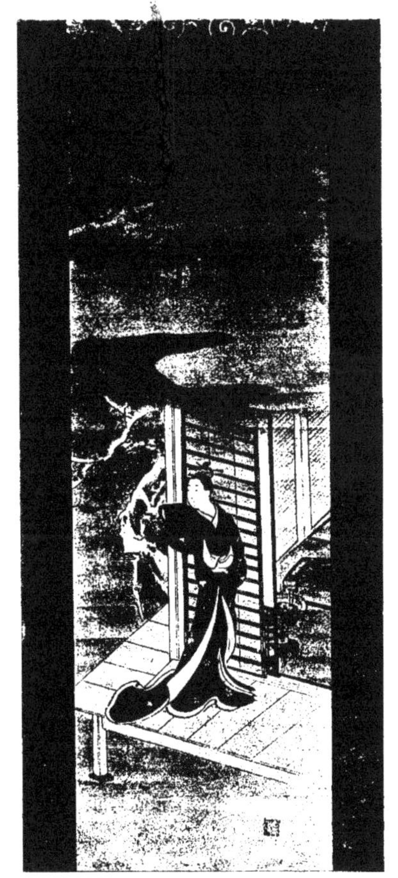

N° 33

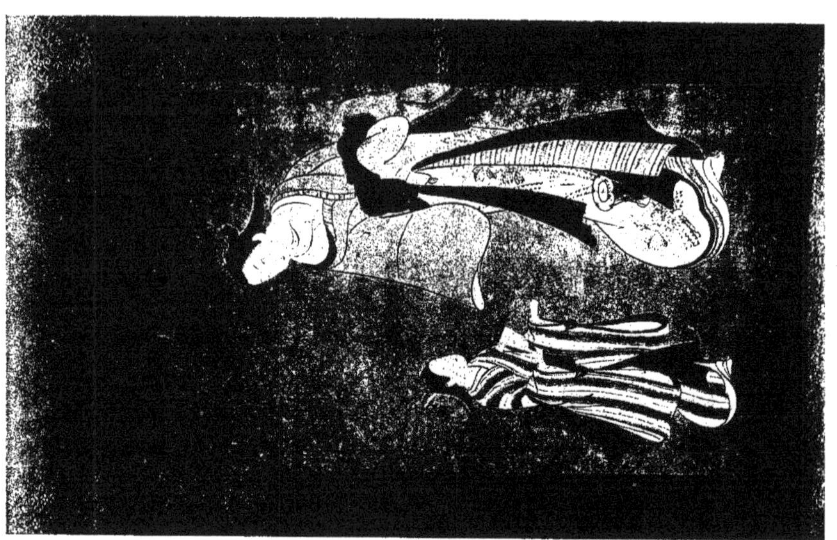

N° 34.

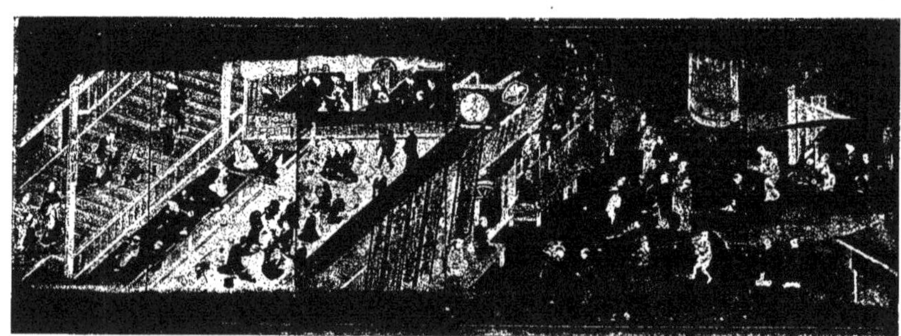

N° 35.

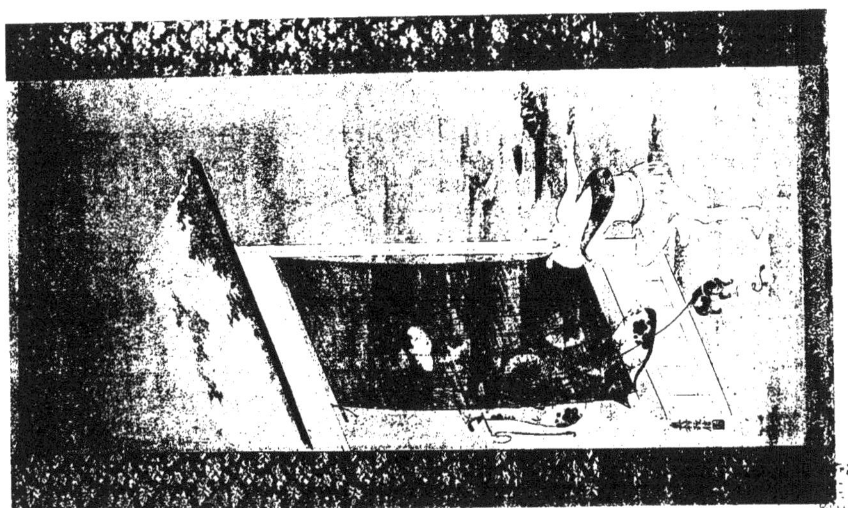

N° 36.

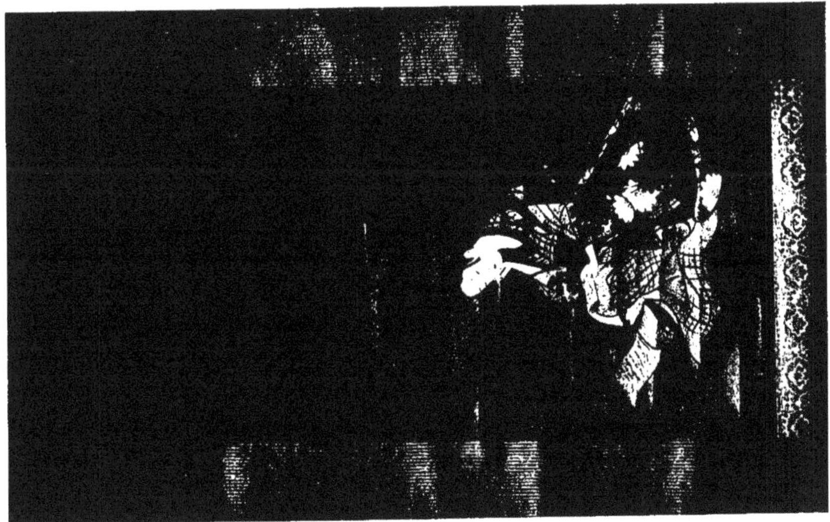

N° 37.

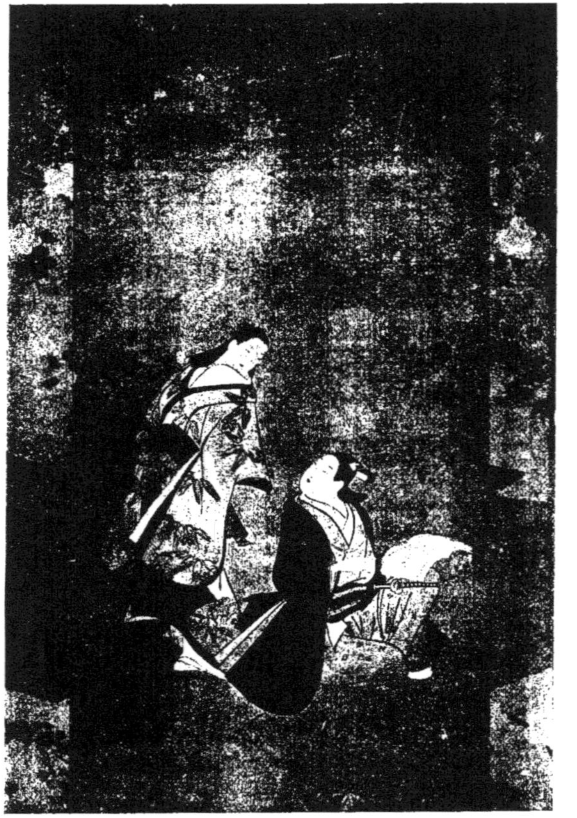

N° 38.

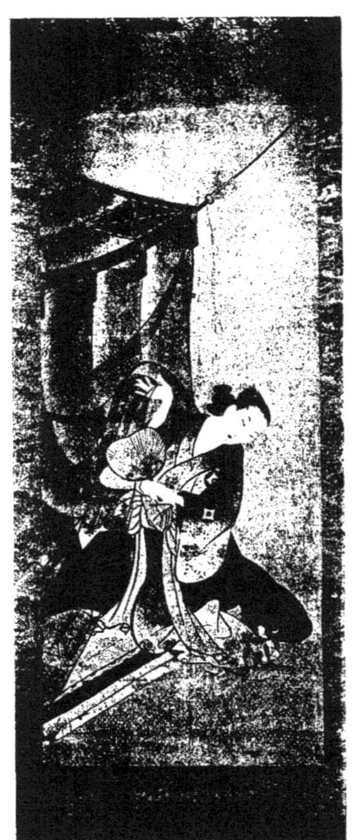

N° 39.

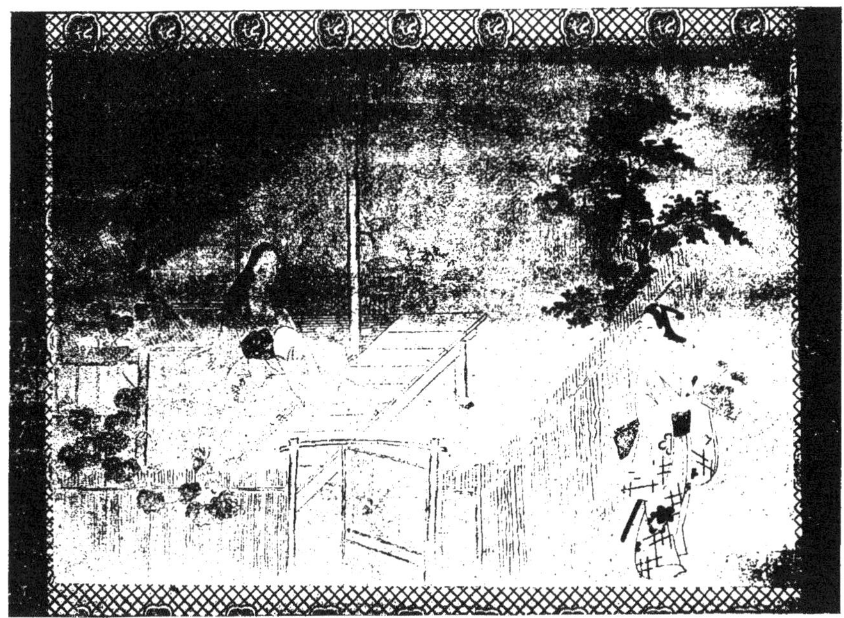

No 40

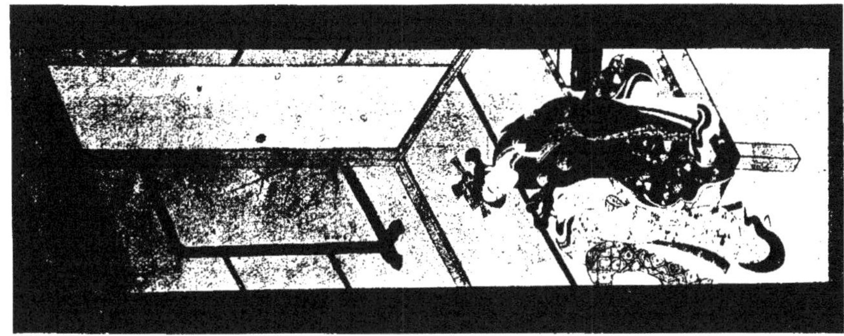

No 41.

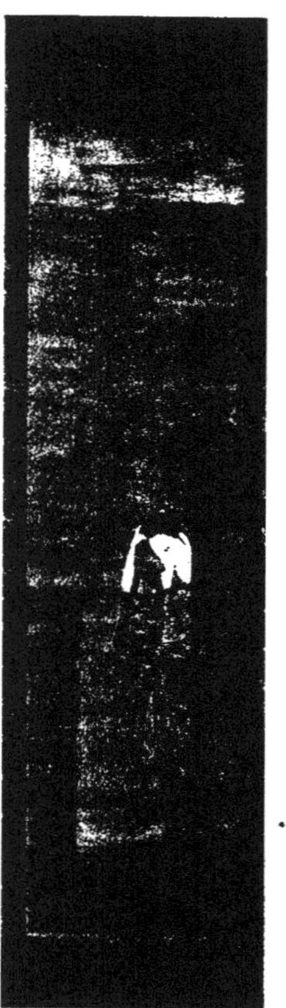

N° 44

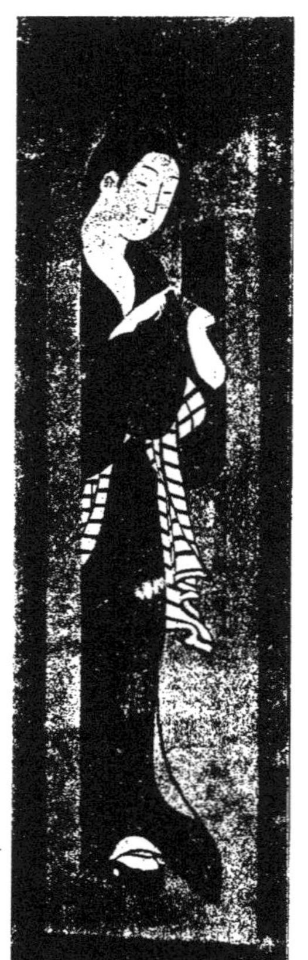

N° 43

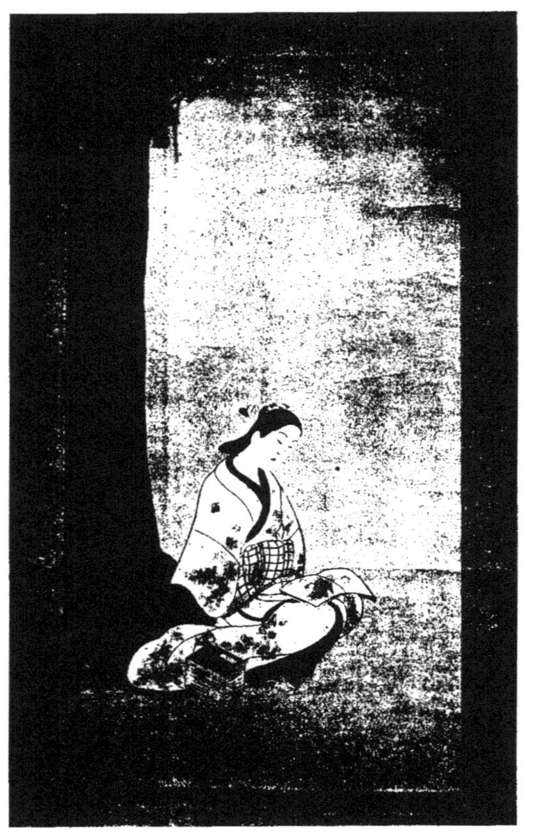

N° 42

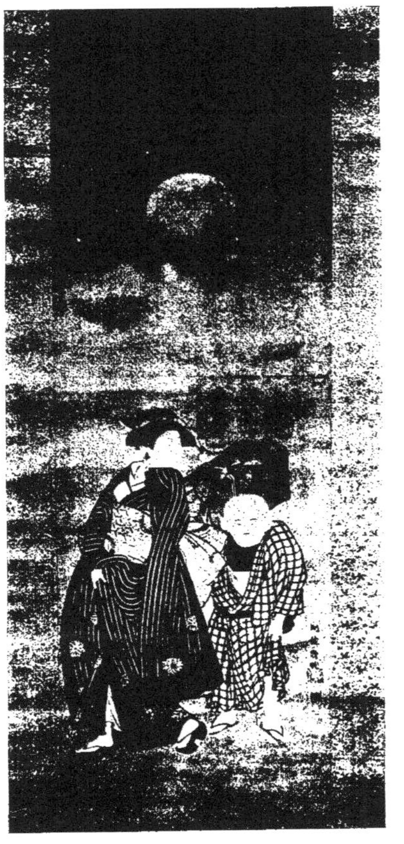

N° 48.

N° 46.

N° 45.

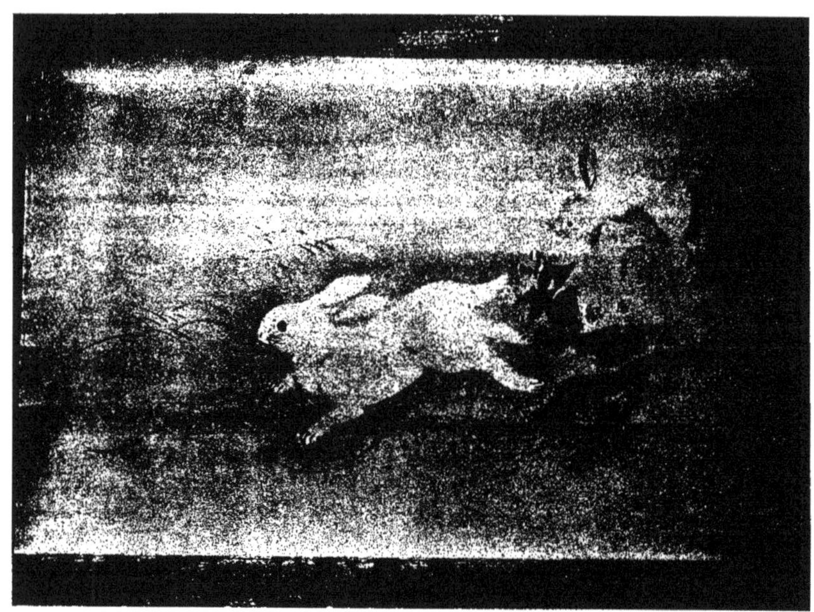

No 49.

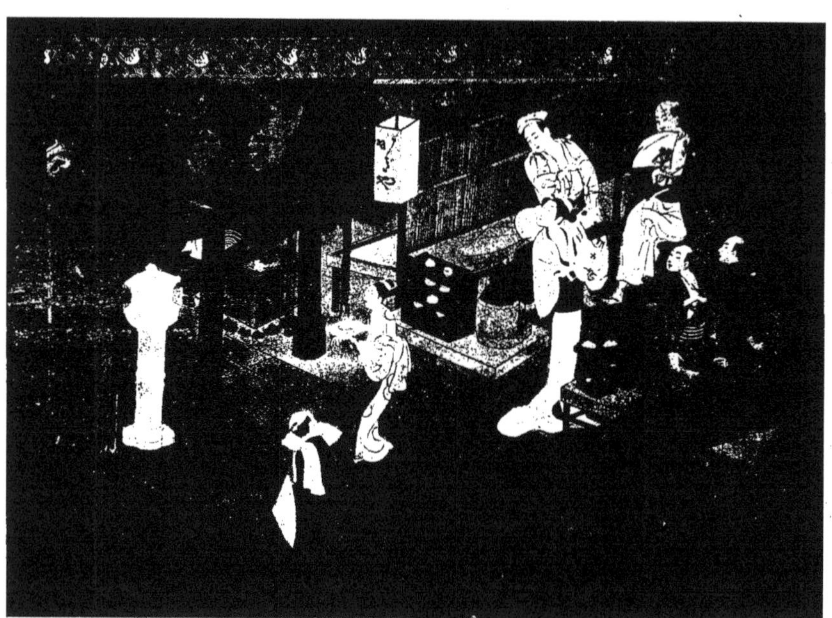

No 50.

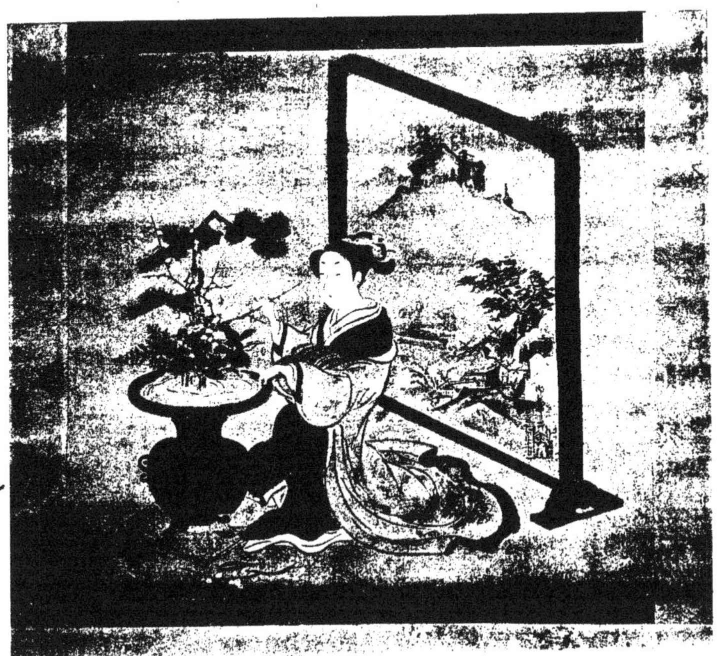

Nº 7

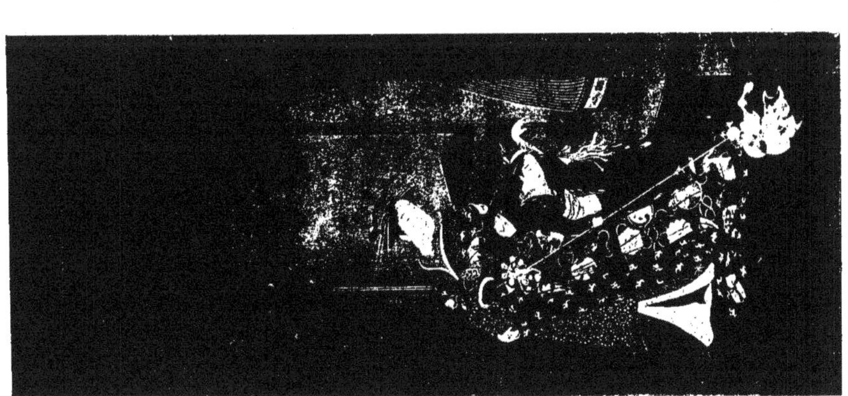

Nº 52.

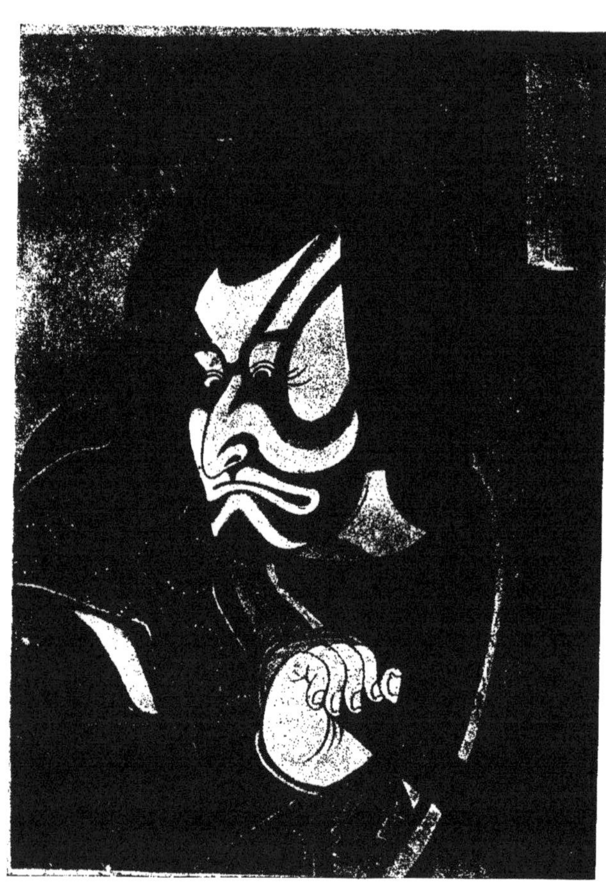

No 51.

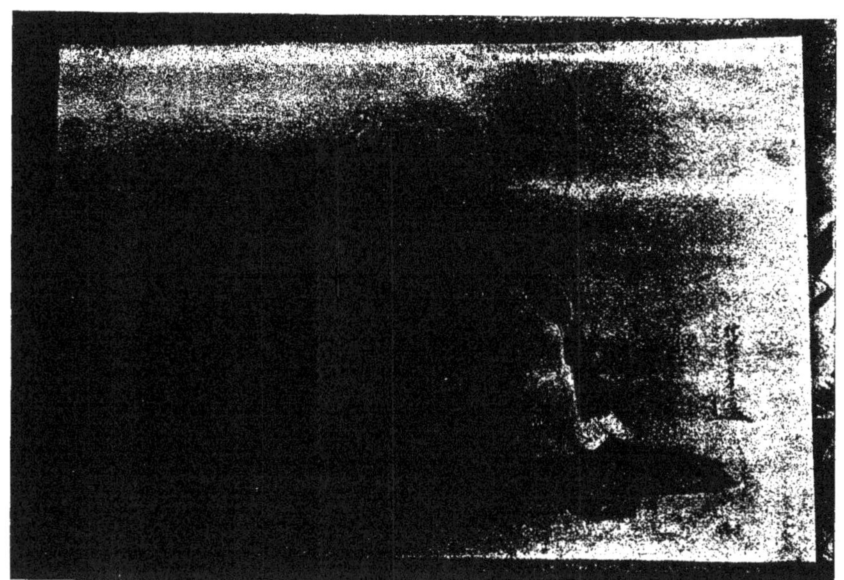

No 53.

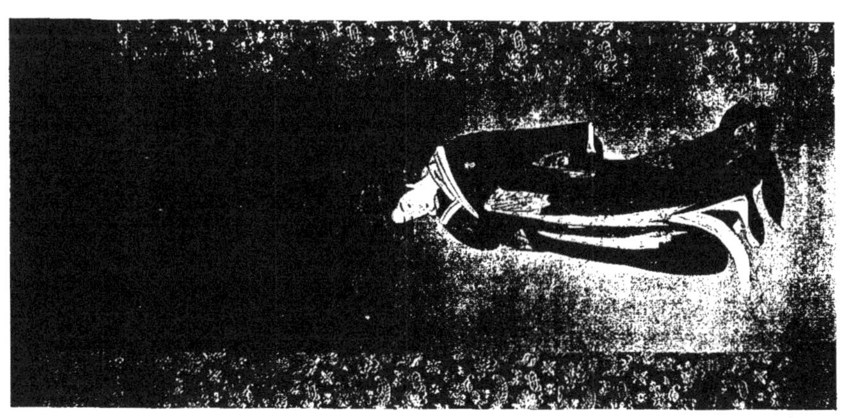

No 54.

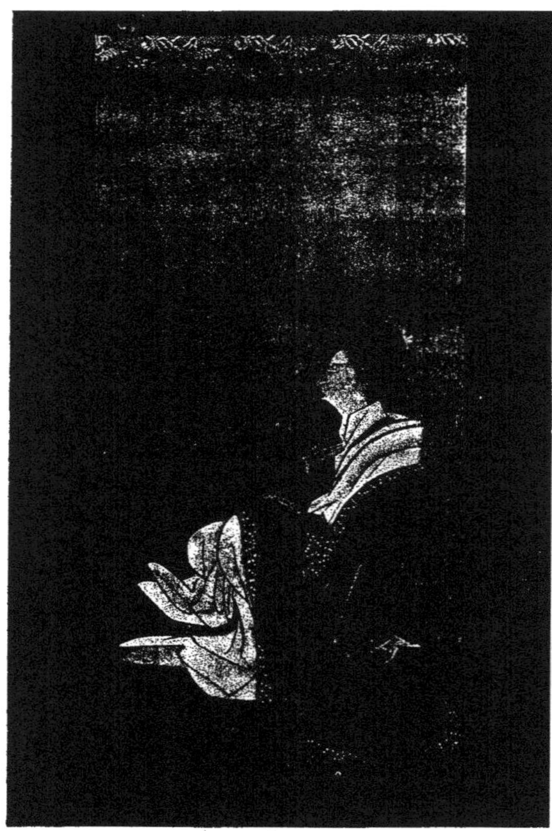

No 56.

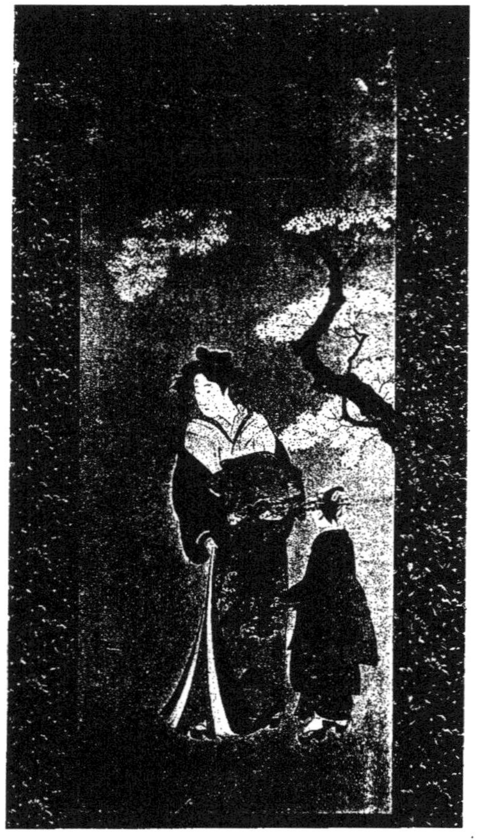

No 55.

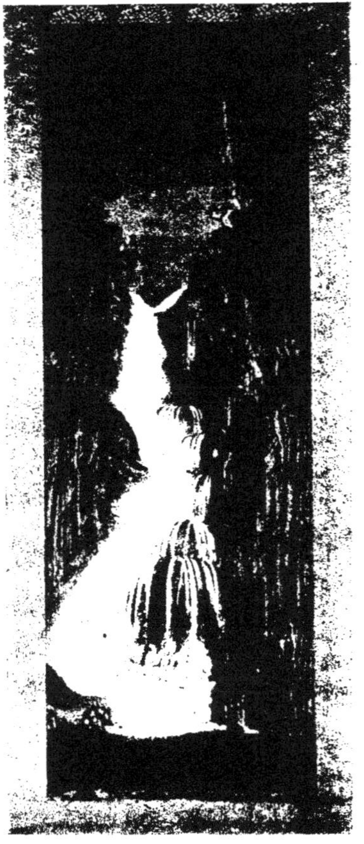

No 9

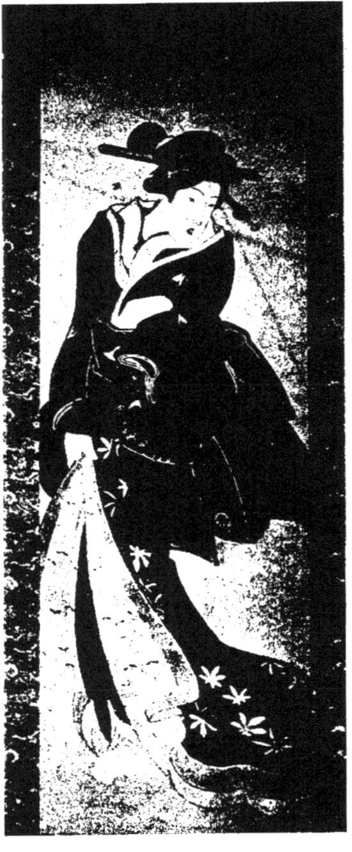

No 58.

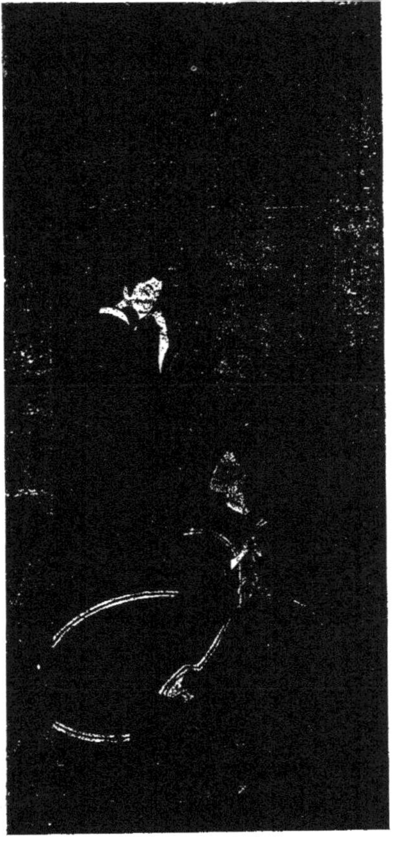

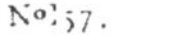

No. 57.

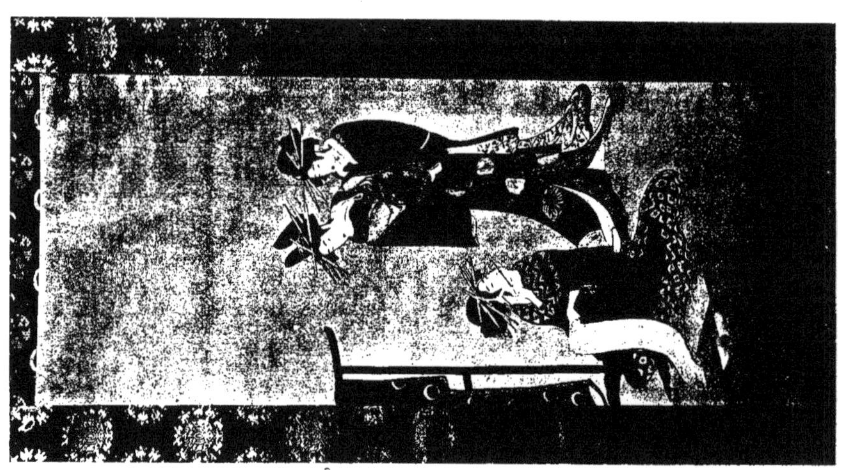

No 60

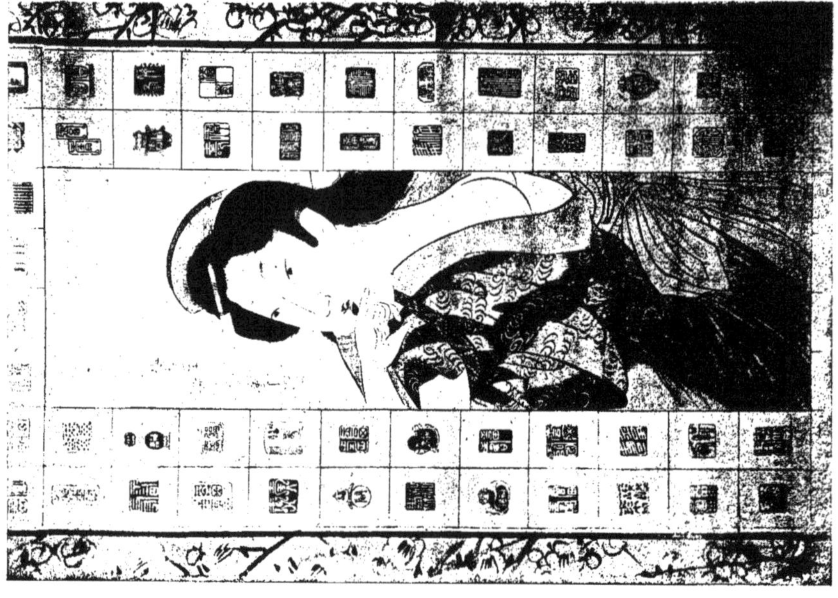

No 62.

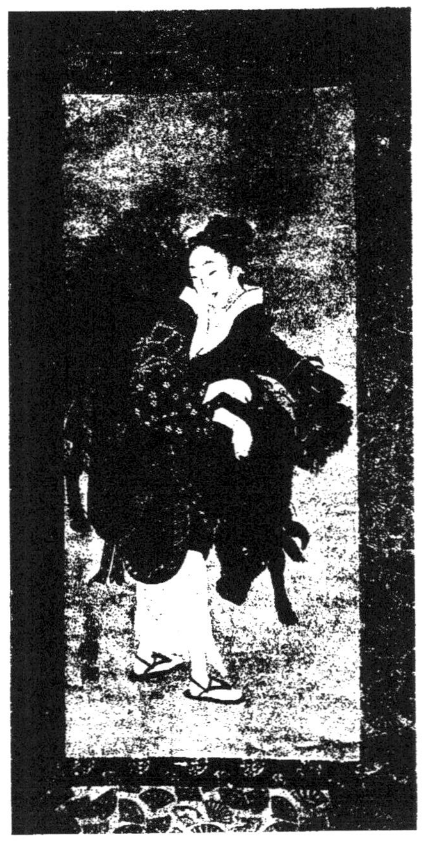

N° 65

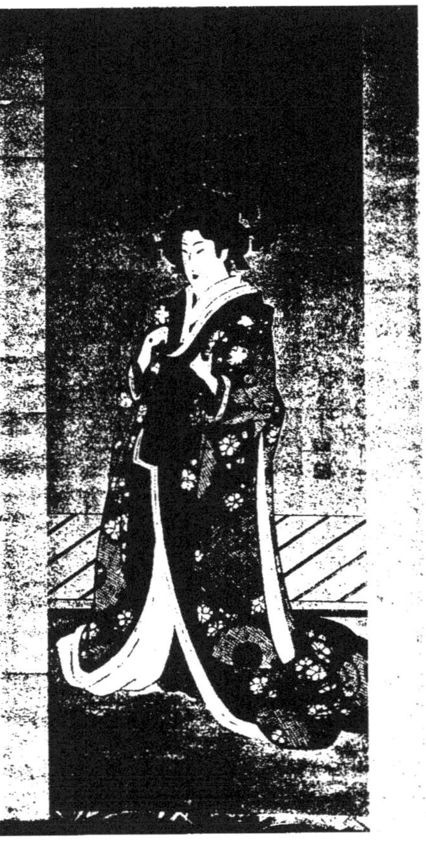

N° 63

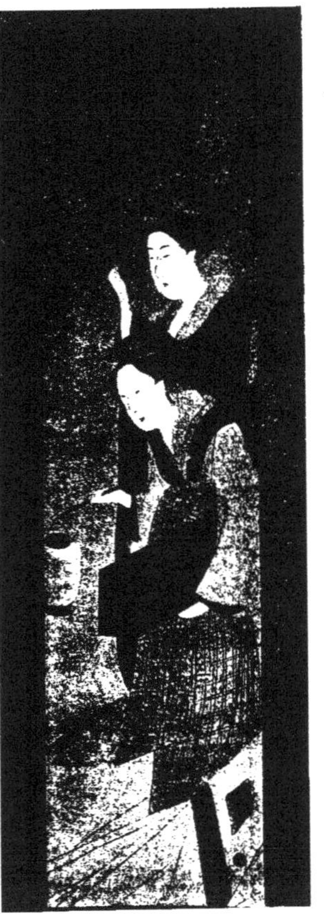

N° 61

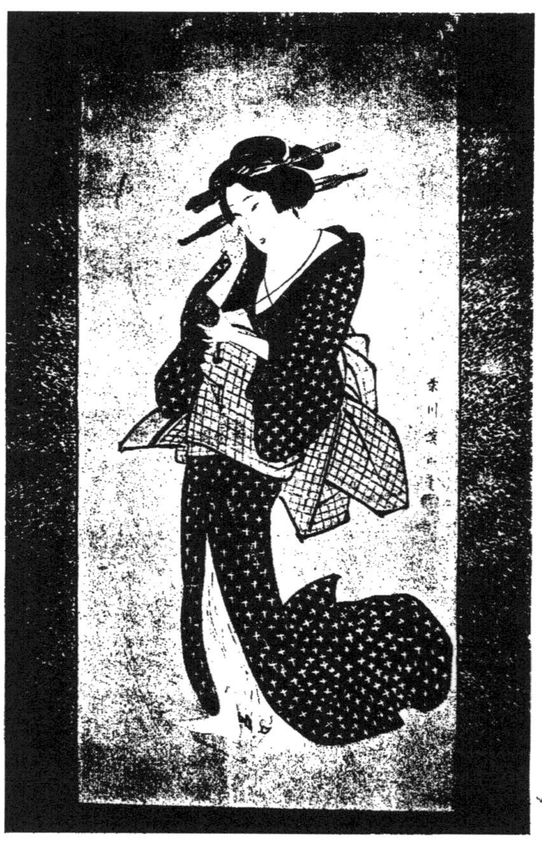

N° 66.

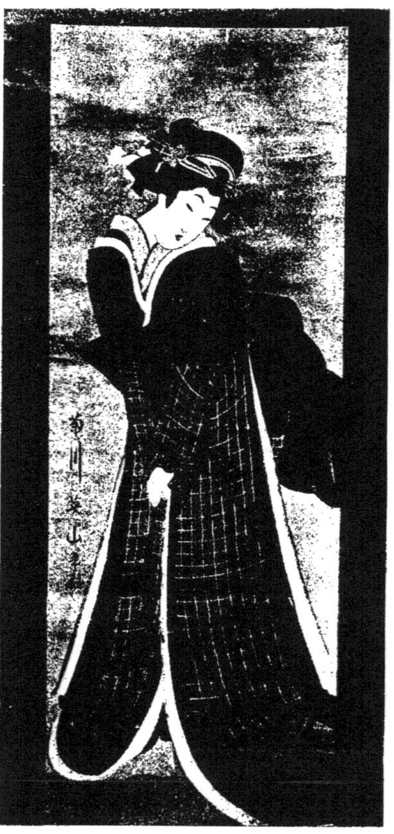

N° 65.

N° 69.

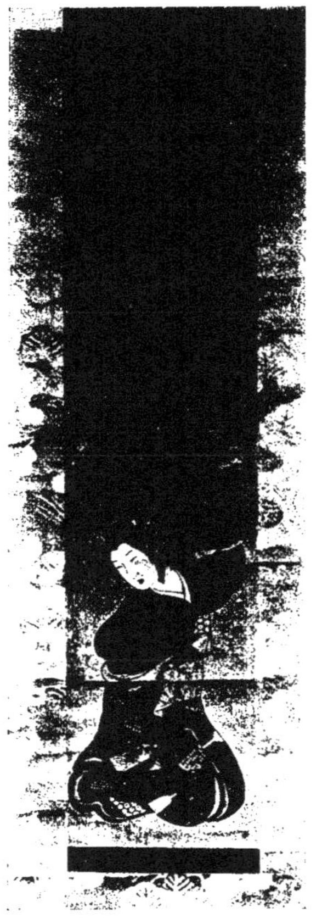

N° 68

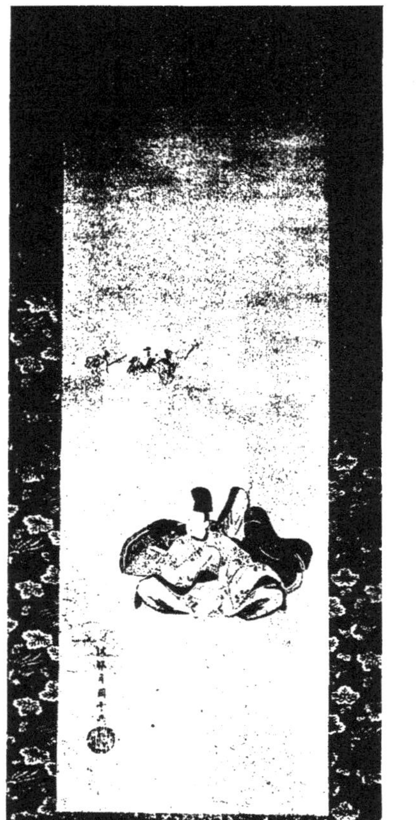

N° 67.

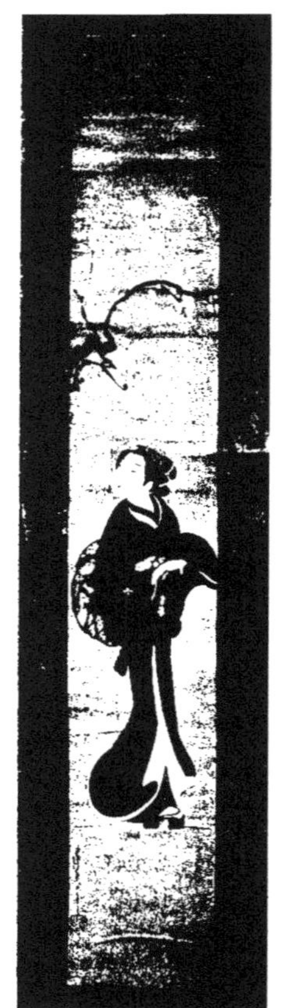

N° 72.

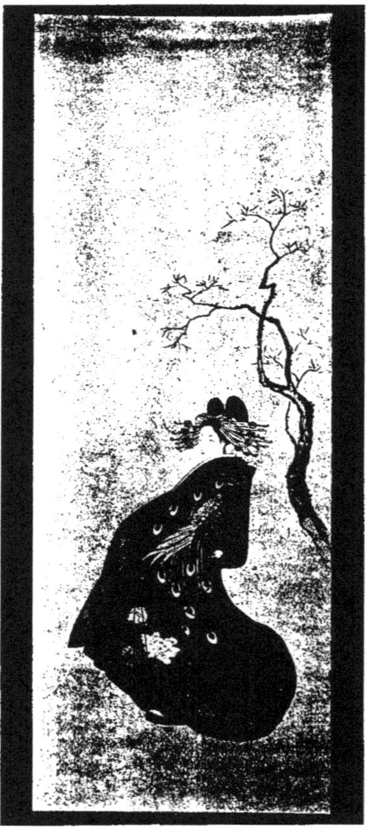

N° 71.

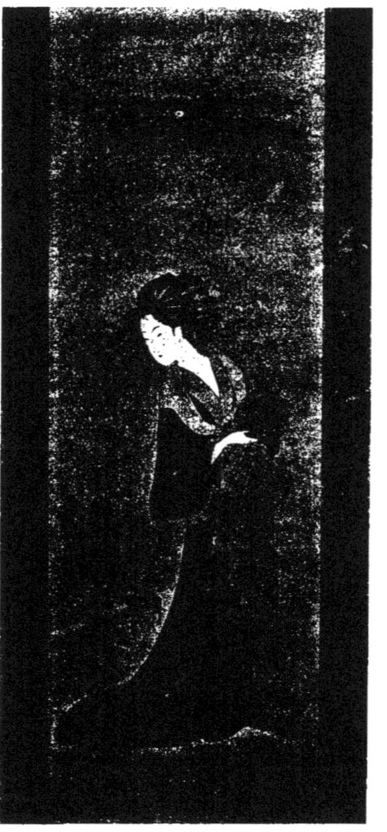

N° 70

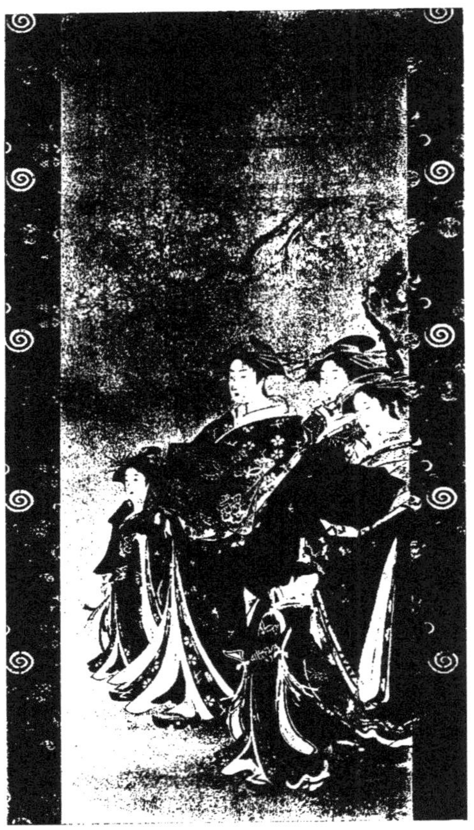

N° 74.

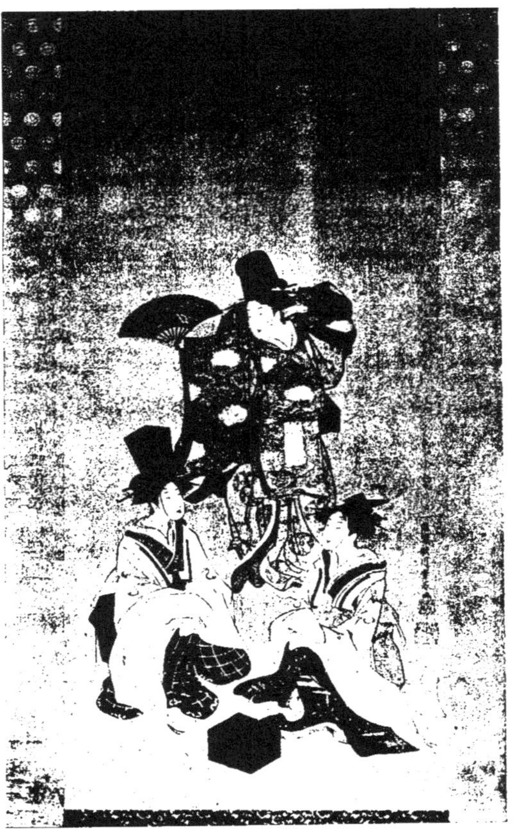

N° 73.

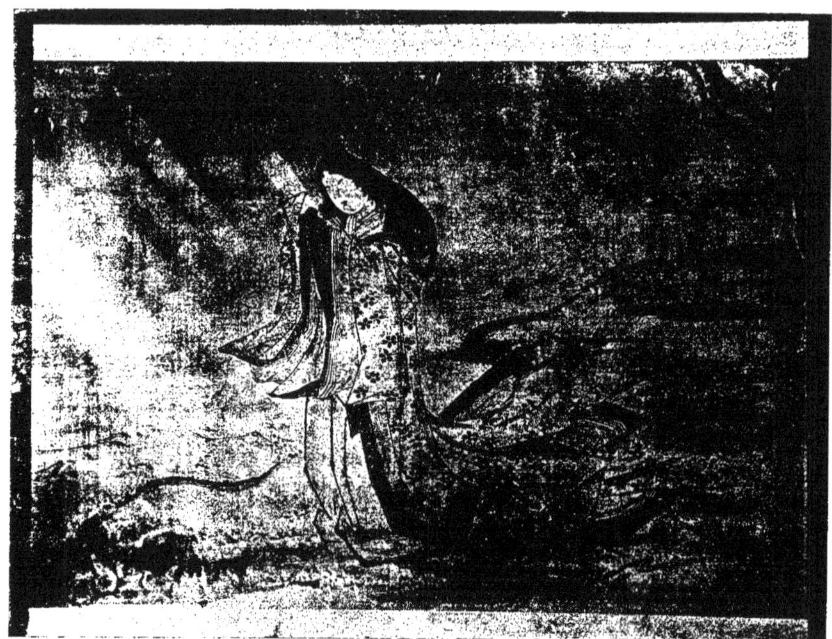

No 75.

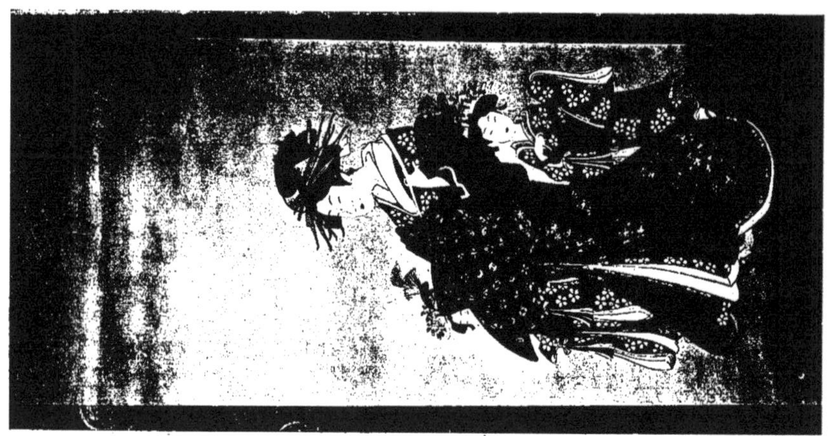

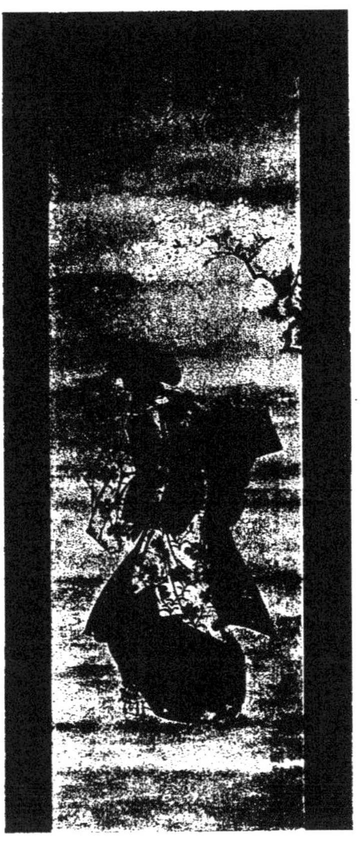

N° 77.

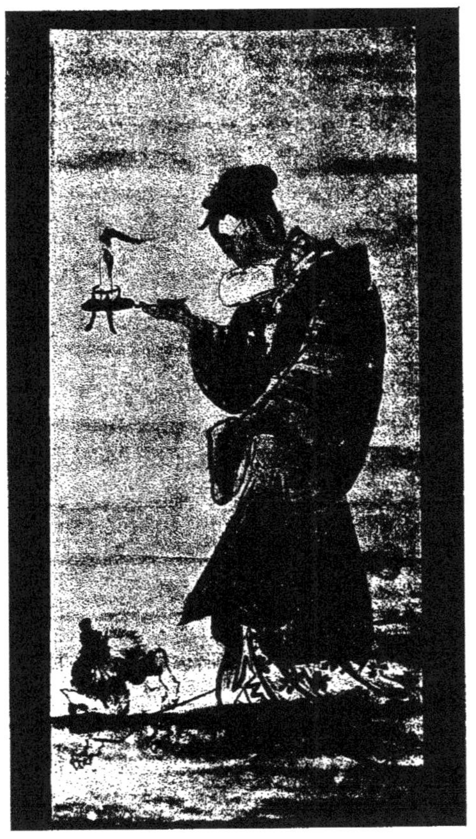

N° 78.

N° 79.

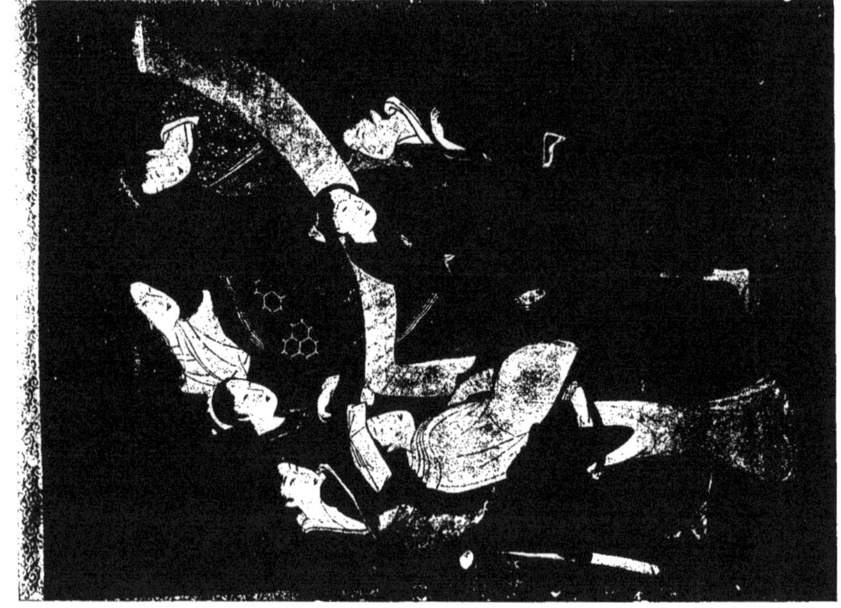

N° 80.

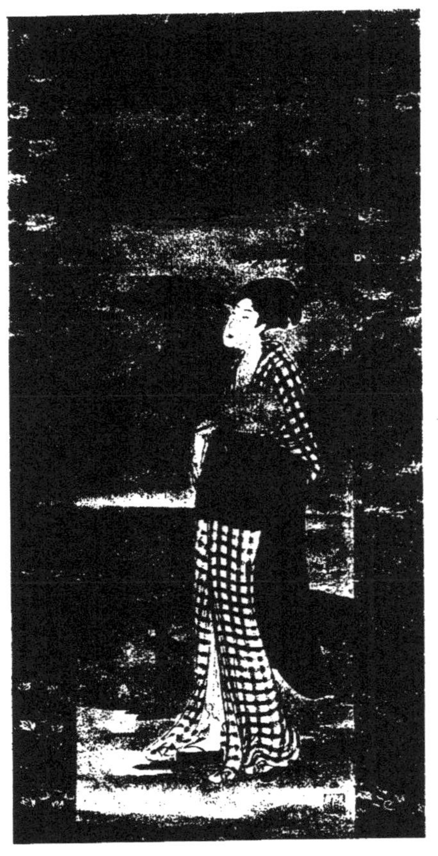

N° 82.

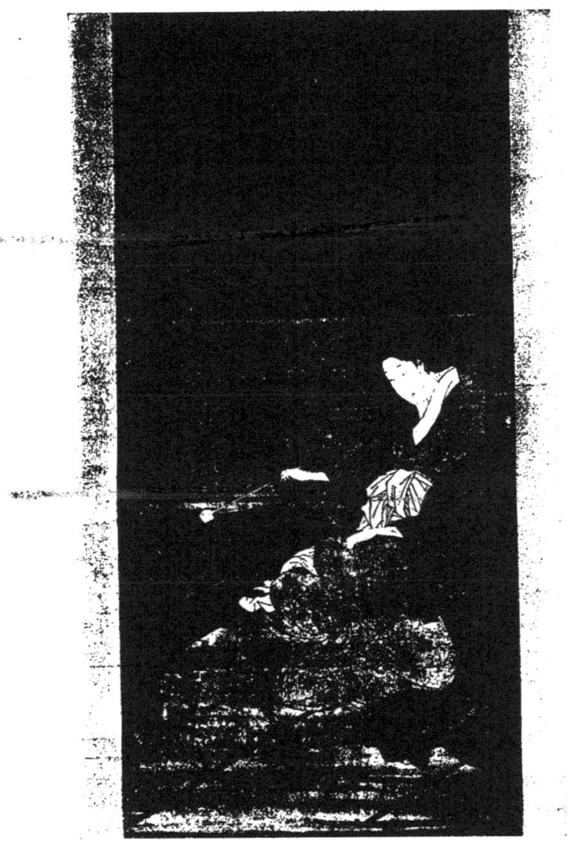

N° 81.

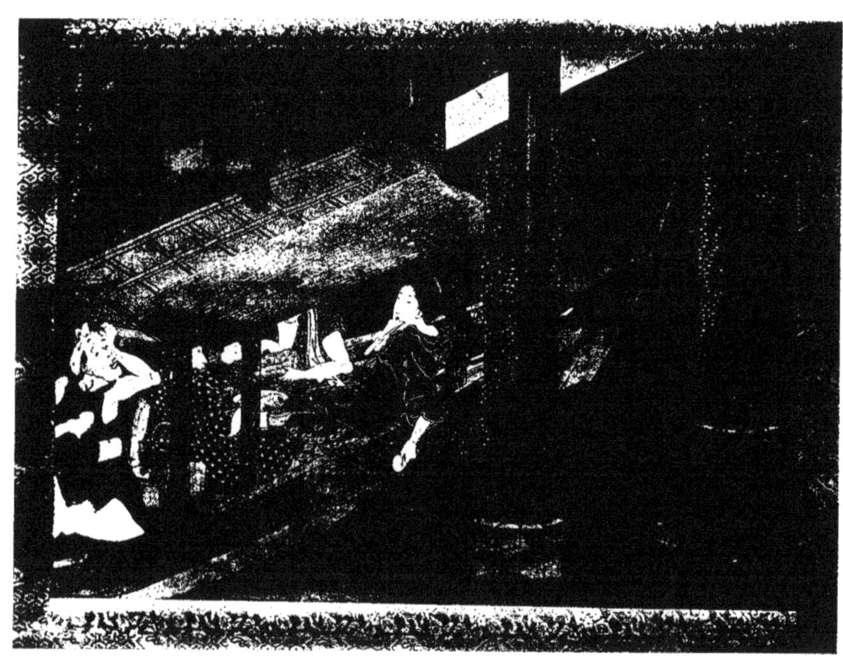

No 83.

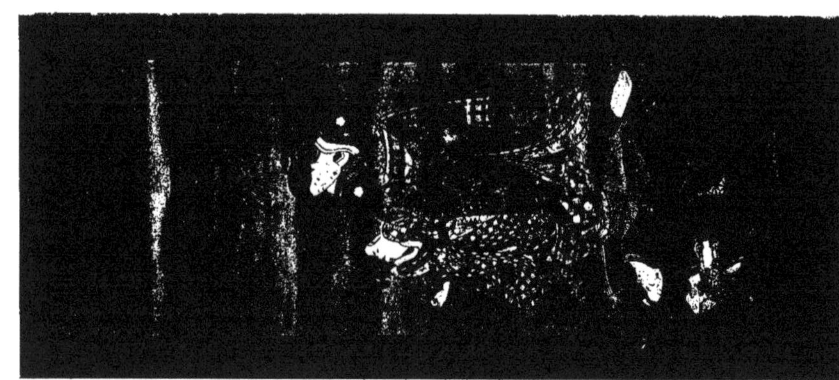

No 84.

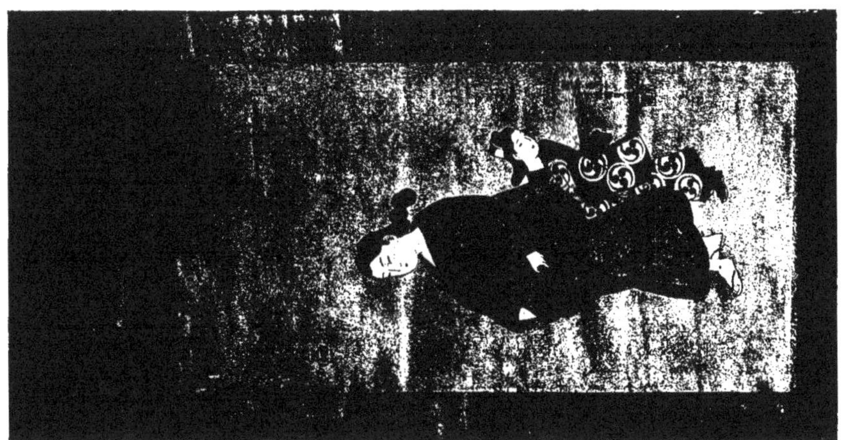

N° 85.

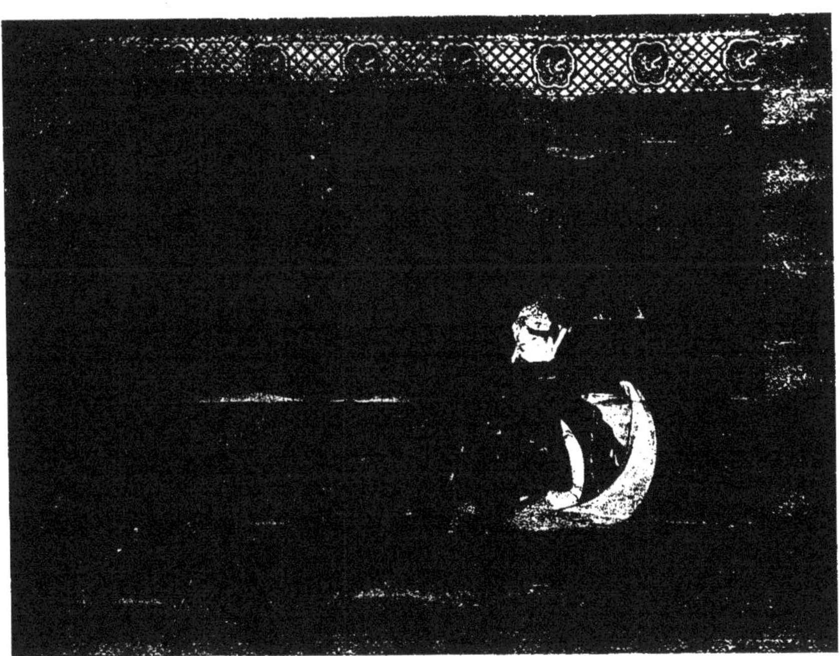

N° 87.

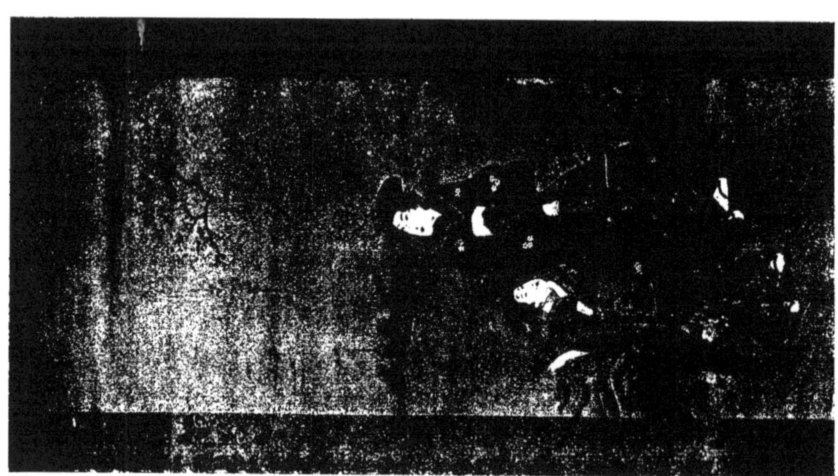

N° 86.

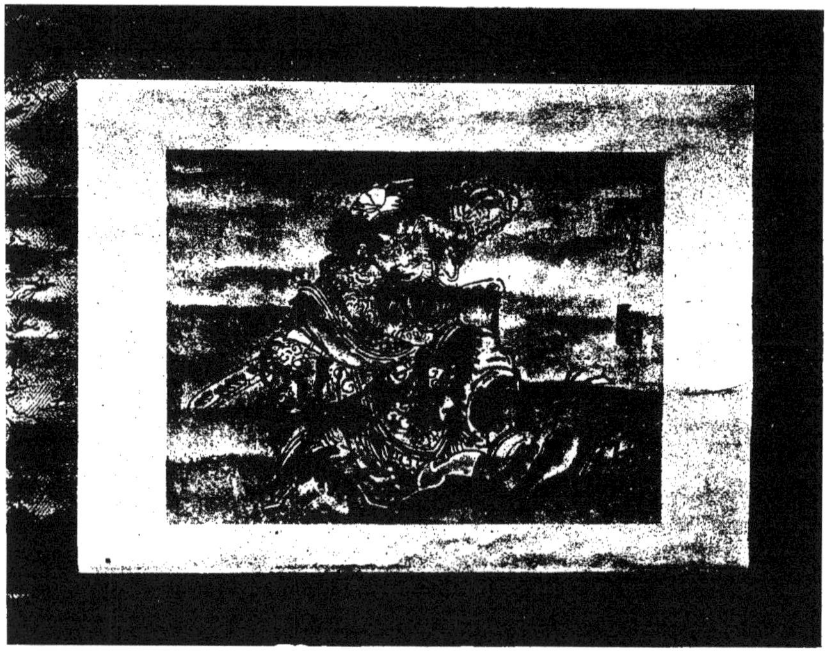

N° 88.

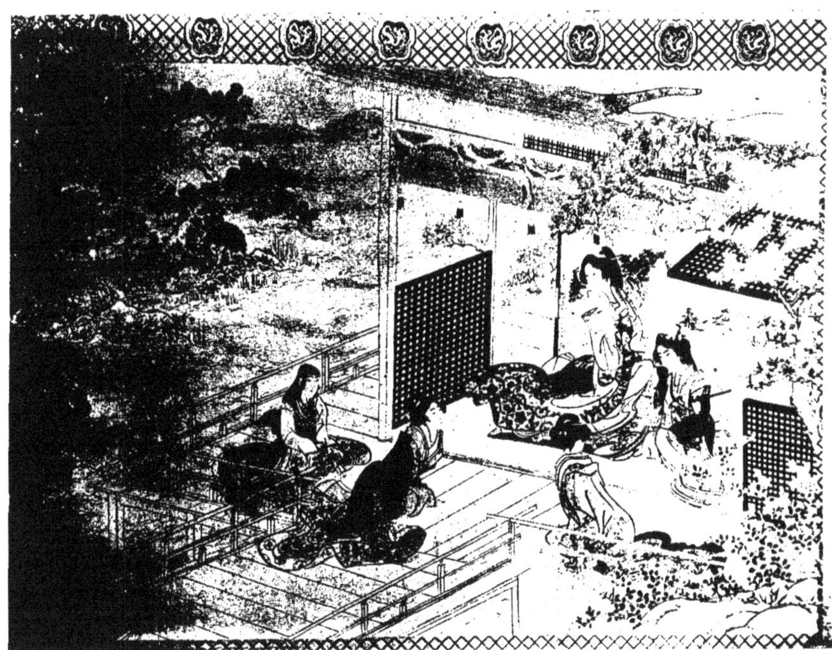

No 89.

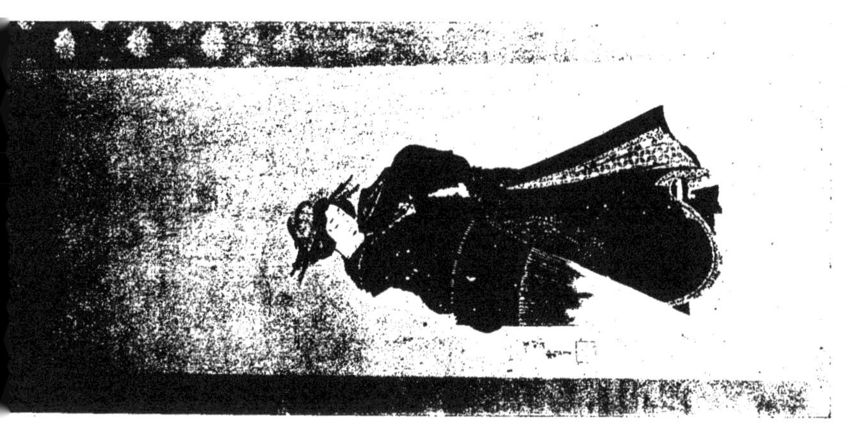

No 91.

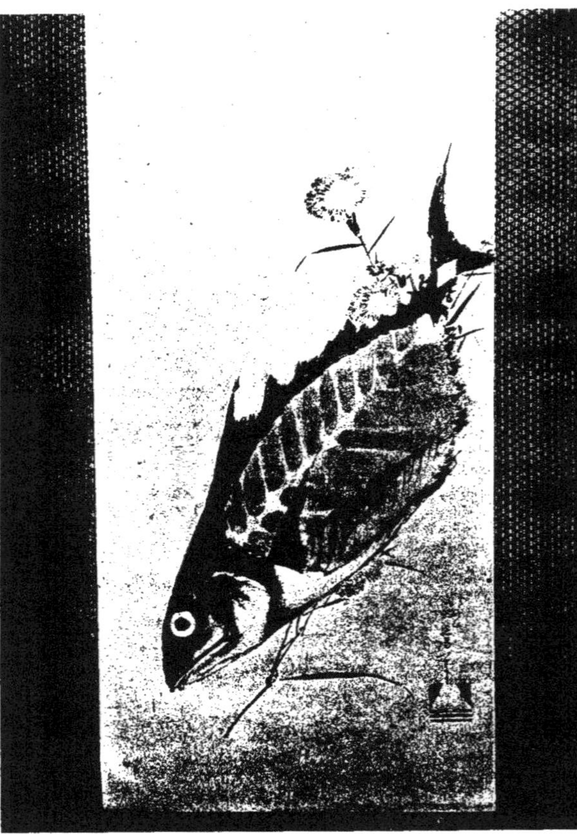

Nº 92.

Nº 90.

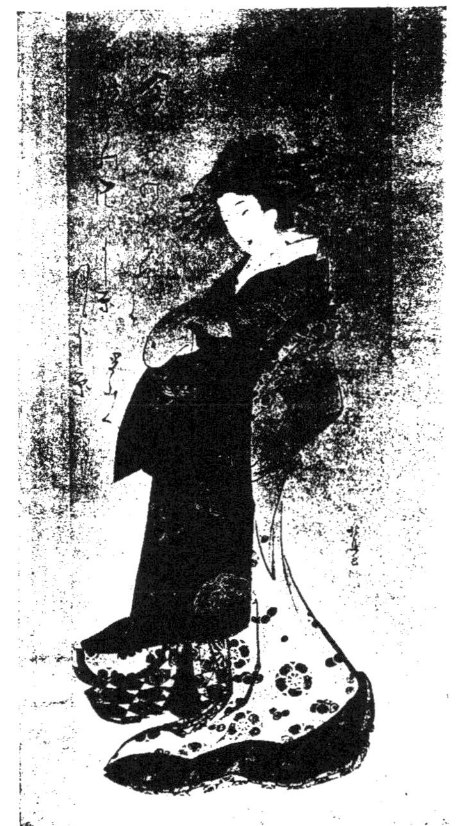

N° 95.

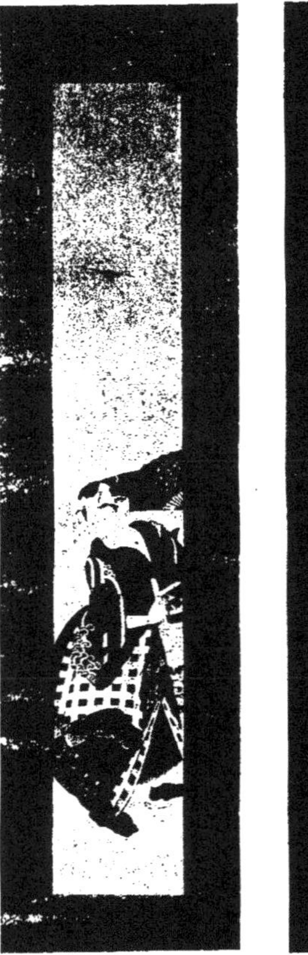

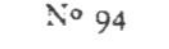

N° 94

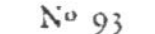

N° 93

N° 97.

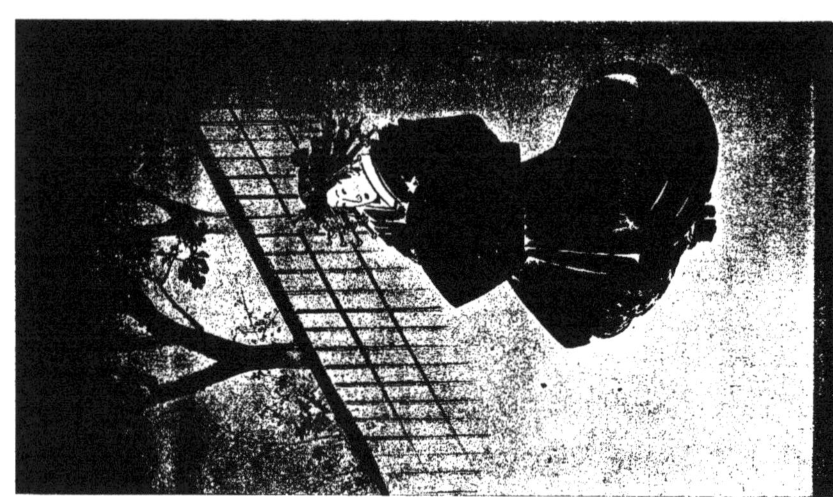

N° 96

N° 98.

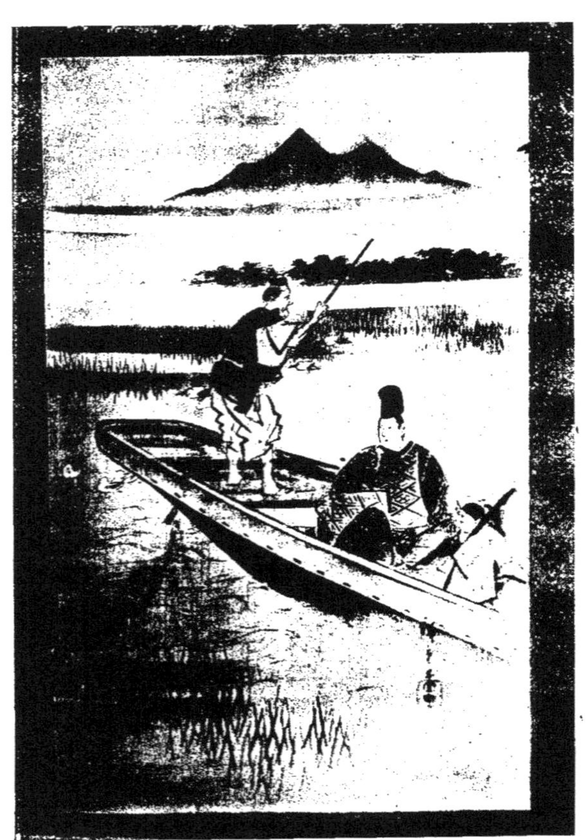

N° 100

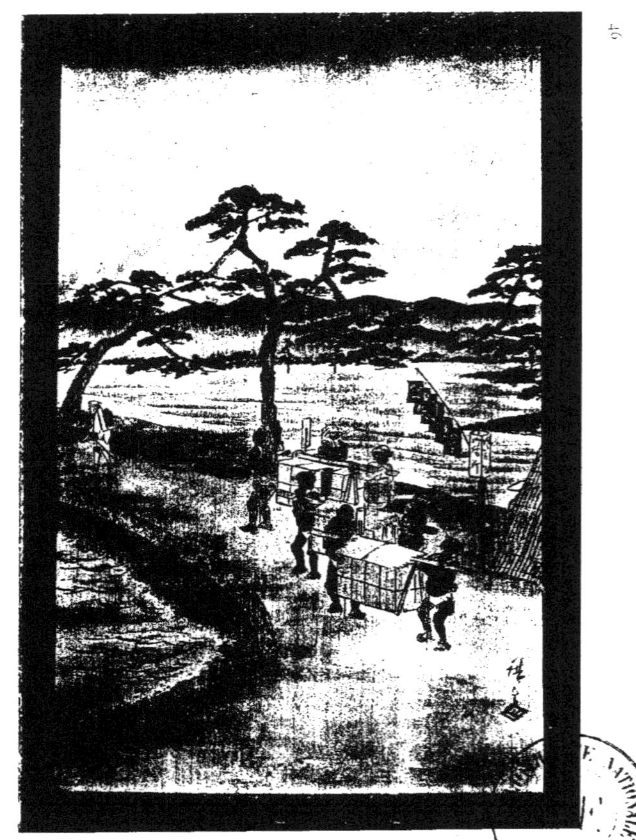

N° 99

www.ingramcontent.com/pod-product-compliance
Ingram Content Group UK Ltd.
Pitfield, Milton Keynes, MK11 3LW, UK
UKHW022059170726
13837UKWH00003B/1003

9 782329 287652